JN094083

20代で人生の年収は9割決まる。

土井英司

日経ビジネス人文庫

この本は、20代のための仕事の本ではありません。
この本は、20代から始める「自分という資産のつくり方」です。
なぜならそれこそが、一生食べていける方法だから。
なぜならそれこそが、
不確実時代のキャリアのつくり方に他ならないからです。

はじめに
不確実時代のシビアでリアルな方法論

「仕事をなくしたやつが偉い」

アマゾンではこれが常識でした。

この話をすると、「GAFAはアルゴリズムを駆使しているからね」「最先端の企業の例を出されても、自分とは関係ない」といった反応があるのですが、これは今から二〇年も前の二〇〇〇年、僕がアマゾンで働き出した頃の話です。

はじめまして。土井英司と申します。

僕は、新卒でゲーム会社に就職し、その後、異業種で修行、転職を経て、アマゾンの日本サイト立ち上げに参画しました。エディター、バイヤーとして複数のベストセラーを仕掛け、二七歳で社長賞にあたる「カンパニーアワード」も受賞しました。三〇歳でそれまでに培った「自分という資産」を活かして出版プロデューサーとして独立。国内一六〇万部、世界一一〇〇万部を突破した『人生がときめく片づけの魔法』のこんまりこと近藤麻理恵さんをはじめ、多くの著者のブランド支援やプロデュースを行っています。

さらにここ数年は、ニューヨークを皮切りに、山口、大阪、長崎と都内との二拠点生活を実践。新たな著者の発掘や、地元の方と組んで地域活性化のお手伝いもしています。

今は**不確実時代**と言われています。アメリカで生まれた**VUCA**（Volatility：変動性、Uncertainty：不確実性、Complexity：複雑性、Ambiguity：曖昧性）という言葉が日本でも使われるようになり、先行きが不透明なことも、不安を募らせる一因となっているようです。

「AIで仕事がなくなる」

「この業種は一〇年以内に消滅するのではないか」

そんな不安がふくれ上がったのは、英国オックスフォード大学のマイケル・A・オズボーン准教授が二〇一三年に発表した「未来の雇用」についてのレポートがきっかけでしょう。自動化やロボットの導入で、ホワイトカラーですら無用になる。現在ある半分の仕事が消滅する……。この指摘に、多くの人が危機感を感じたようです。

しかしアマゾンは二〇年も前から、「単純作業は機械にやらせよう。いや、単純作業以外でも、なくせる仕事はなくしてしまえばいい」という考え方でした。

それはひとえに、**〝人間という有限で貴重な資源〟を最大限に有効活用**するためです。

アマゾンで僕が〝なくした仕事〟は、いくつかあります。ひとつはマーケティングのためのターゲティングメールの送り方を自動選定するツールをつくり、個別に選定するという業務をなくしたこと（作成の実作業は優秀な同僚にやってもらいました）。もうひとつは、顧客へのシステム説明でした。

顧客へのシステム説明とは、コールセンターで対応しきれない在庫状況の問い合わせについて、メールで個別説明するというもの。バイヤーになってすぐにやった仕事でした。人によってはわかりやすい説明をしようと工夫し、繰り返すごとに精度を高め、「自分は仕事を頑張っている！」となるでしょう。

「顧客対応は君に任せていれば安心だ。説明が実にうまい」という上司のフィードバックに手応えを感じ、「君がいないと、この仕事は成り立たないね」という同僚の言葉に自己肯定感を高め、〝システム説明の達人〟になるかもしれません。

ところが僕は幸か不幸か、そういうタイプではありませんでした。

なぜならシステムについての込み入った問い合わせといっても、明らかに同じような内容のものが数多くあったからです。「同じ説明を繰り返すのは時間と労力のムダだ」と考えていました。

そこで僕は「このパターンの問い合わせにはこう答える」という緻密なマニュアルを作成し、コールセンターに渡して彼らの段階ですべて対応してもらえるようにしました。

幸いなことに僕の提案はうまくいき、以後の問い合わせはゼロにして、相当なコスト削減につながりましたが、僕自身の仕事もなくなった——いや、自らなくしてしまいました。しかし、**この小さな改善が、その後のキャリアをいっそう広げてくれた**のです。

「マニュアルで対応できるような仕事を一生懸命やるのは、人的資源の無駄遣い」

こう考えるのがアマゾン。高い給料を払っている社員に、その気になれば省けるような仕事をさせておくのは、会社にとって明らかなロスです。

そのロスを自発的になくす社員を、アマゾンは**「評価に値する人材」**と見なします。

僕はアマゾンでエディター、バイヤーとしてキャリアを積みましたが、それは自分という人的資源をより活用し、会社にも貢献できる双方ハッピーな働き方でした。

僕のエピソードはずいぶん昔のささやかなものですが、**この不確実な時代には、あらゆる人のキャリアに同じことが当てはまる**のではないかと感じています。

今後は、「今ある仕事」に自分を合わせるのではなく、人的資源——すなわち「自分という資産」をどの仕事で運用するかを考える時代になっていく。僕はそう分析しています。

［仕事＞自分］ではなく［自分＞仕事］に逆転するのですから、どんどん仕事が消滅しようと関係ありません。**確固たる自分さえあれば、今の仕事がなくなったとしても、より良い仕事、まだ見ぬ新しい仕事にスイッチすればいいだけの話**です。

これまでは、仕事と自分を一体化させている人がたくさんいました。

「今の仕事がなくなったらどうしよう」とか「これから就職・転職するならＡＩによって消滅しない仕事を選びたい」という人は、［仕事＝自分］もしくは［仕事＞自分］になっているということです。

しかしよく考えてみれば、本来は［自分＞仕事］であるはずです。それなら別に、ひとつの仕事にこだわる必要はない。比喩的に言えば、今後仕事は〝道具〟になっていくのです。

それを使いこなすことによって、自分を豊かにする道具。
それを使いこなすことによって、何かと便利になる道具。
それを使いこなすことによって、誰かの役に立つ道具。
仕事とは、そんなものではないでしょうか？

どんな道具でも使いこなせるようになる最良の策は、自分という資産を充実させることだと僕は思います。そうすれば仕事は永遠になくならないし、より面白く、より自分にふさわしい仕事が選べるようになります。

「『自分という資産』をしっかりと構築し、それに合わせて仕事を選んでいく」

これからは、意識をそのように転換していきましょう。
自分らしい仕事を自分の意思で選ぶ自由こそ、キャリアにおける成功となるでしょう。

では、**「自分という資産」をどうつくっていけばいいのか？**

本書では、それについて具体的な答えを述べていきます。

そもそも本書は二〇一〇年に単行本『20代で人生の年収は9割決まる』（大和書房）として刊行、多くの就活生や若手ビジネスパーソンに支持をいただきロングセラーとなりました。それから一〇年。二〇一一年に発生した東日本大震災や、昨今の新型コロナウイルス感染拡大による世界規模の危機など、社会・経済構造を大きく揺るがす出来事がいくつも起こりました。少子高齢化がより進み、人生一〇〇年時代が当たり前のこととなり、働き方改革やリモートワークの推進など企業を取り巻く環境も激変。人々の仕事観・人生観も大きく変わりました。そうした状況を踏まえ、大幅な加筆・再構成のもと文庫化しています。

できるだけ早く花を咲かせ、できるだけ多くを刈り取る。このような効率を優先した働き方は、もはや過去のものとなりました。これからは、しっかりと耕して強い土壌をつくり、そこに種をまくような、本質を追求する働き方が残っていきます。

就職してから三〇歳くらいまでは、所属する会社を使って、自分のやりたいことと、自分に合ったワークスタイルを見極め、自分を磨き抜く期間。いわばビジネスパーソンとしての「仕込みの八年間」です。ここさえきちんと押さえておけば、生涯にわたって運用できる「自分というビジネス資産」ができます。

二〇代から地味な仕込みをし、年齢ごとにやるべきことを着実にやった人が、それぞれの形の自分らしい成功に向かって歩いていく。仕込みというのは自分の核をつくることでもあり、その意味で、「20代で人生の年収は9割決まる」のです。

「この仕事なら一生食べていける」という安心感にしがみつくのではなく、「人の役に立ちたい」「人を喜ばせたい」という人間本来のあり方に戻って、自由に働いていく。

そのためのシビアでリアルな方法論をお届けできたら、著者としてこれほど幸せなことはありません。

二〇二〇年五月

土井英司

20代で人生の年収は9割決まる。目次

第1章

二〇代で始める「仕込みの八年」のルートマップ

第2章

二〇代：「仕込み」に最適な会社の選び方

第3章

二〇代前半～‥仕込みをしながら会社に尽くす

第4章

二〇代後半～三〇代：自分のナンバーワンをつくる

第5章

三〇代〜：会社を超えて「自分」を売り出す

イラスト◎おおの麻里
校正◎内田翔
編集協力◎青木由美子

序章

「自分という資産」のつくり方

「米は食べるもの？
植えるもの？」

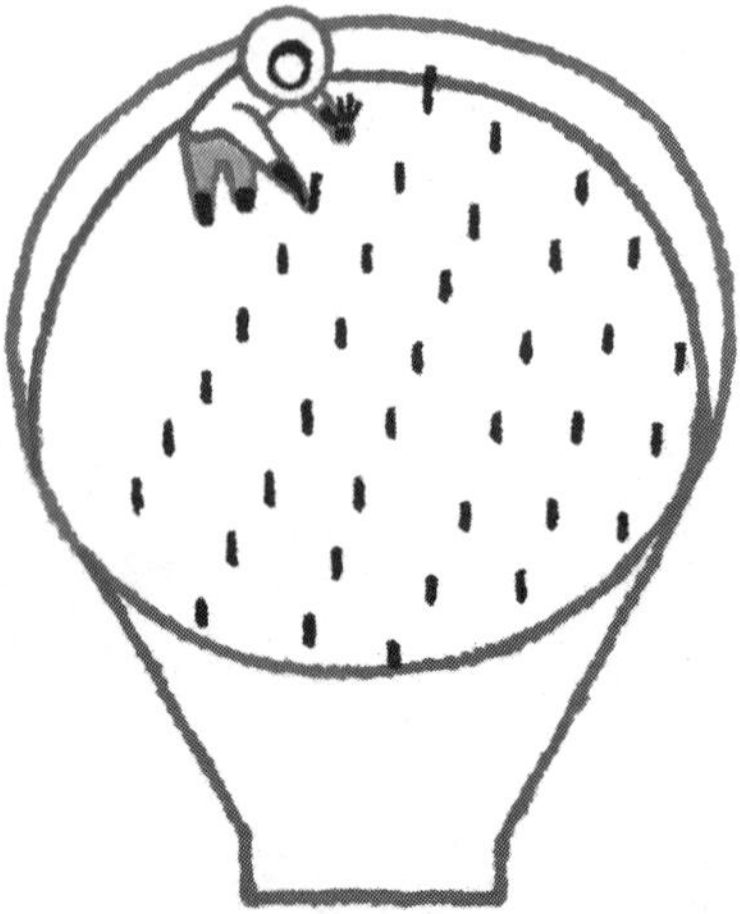

A
将来を見越して自分を耕す。

米は今すぐ食べられるが、
植えて増やせば稲が実り、
将来、より多くを食べられるようになる。
若いうちはお金も時間も少しの余裕をもって、
自分づくりのために使おう。
そうすれば30歳以降の稼ぎが大きく変わるはずだ。

「年齢」がマイルストーンになる理由

二〇代から仕込みを始め、その後の人生でどのように「自分という資産」をつくっていくか？

そのために本書では、**大まかな年齢ごとに「やるべきこと」**を紹介していきます。これは目安であり、絶対ではありません。

なぜなら終身雇用制度がほぼ崩壊した今、年齢の区切りには意味がなくなりつつあるのは歴然たる事実だからです。

ロンドン・ビジネススクール教授のリンダ・グラットン、アンドリュー・スコットが『LIFE SHIFT』（東洋経済新報社）で提唱した「人生一〇〇年」時代が、もはや僕たちの生涯の大前提として語られています。年齢を取り巻く状況が変化するのも当然のことです。

しかし、それでも二〇代で仕込みをすることの重要性は変わりません。

なぜなら、早く基礎を学んだ人から順にビジネスのチャンスは与えられるのであり、そのチャンスは、あなたが二〇代に仕事を通じて培った人脈から与えられるからです。

大企業であれば、あなたを登用するかどうかは、二〇代のうちに決まっていますし、転職してキャリアアップする場合にも、若いほうが有利です。

二〇代を細かく切って、今やるべきことができているかチェックすることで、将来に備えることができ、「成長が遅い人材」と言われるリスクを避けることができます。

二〇代というのは、まだ染まっていない真っ白な布のようなものであり、**どうせ染まるなら良い色に染まる**こと。

さっそく、二〇代のキャリアの最初のポイントである、「企業選び」から見ていきましょう。

自分に合うかは「カルチャー・フィット」で判断する

「自分という資産」を使うとなると、いきなり自分探しを始める人がいます。自分の適性はどんなもので、どの仕事をすれば成長し、活躍できるのだろうと。

これは永遠のテーマであり、就活生ばかりか三〇代を迎えても、四〇代がそろそろ見えてきても、悩み続ける人は少なくありません。

しかし、**自分だけ見ていても自分は見つかりません。**

「本当の自分を知って、自分にぴったりの仕事を選ぶ」というのは理想ですが、あくまで理想。それがよくわからないから、みんな困っているのではないでしょうか。

そこで僕がお勧めしたいのは、まずは就職して、仕事を通じて自分という資産の特徴を把握していくこと。そして働きながら、自分という資産を確かめ、高めていくこと。

もちろんこの「まずは就職して」が難しいことは間違いありません。

就活生であれば悩みまくりますし、就職して一見うまくやっている二〇代、三〇代の人の中にも「本当にこれが正解だったのか?」とモヤモヤして転職を検討する人は少なからずいて、僕もしばしば相談を受けます。彼らは大抵、いきなり具体的な解決策を求めようとします。

「じゃあ、新卒はとりあえずＩＴ系に入ればいいんでしょうか?」

「今の会社を辞めて、外資系かベンチャーに転職したらどうですかね?」

業界も職種も考慮すべきですが、「どこに就職すべきか」もしくは「しっくりこないから転職しよう」と悩んでいるなら、何よりもまず**「カルチャー・フィット」を意識することが大切です。**

カルチャー・フィットとは一般にはculture（文化）とfit（適合）を組み合わせた人事系の造語と言われますが、僕はより戦略的に考えています。僕オリジナルの解釈で言えば「プロダクト・マーケット・フィット（ＰＭＦ：Product Market Fit）」を応用したものです。

ＰＭＦとは、**顧客を満足させるプロダクト（商品やサービス）を、適切なマーケットで展開すれば成功する**という考え方。ネットスケープの創始者マーク・アンドリーセンが提唱し、シリコンバレーのベンチャー企業でよく使われる言葉です。

PMFを重視しているのは、シリコンバレーばかりではありません。

たとえばAIをはじめとするテクノロジー産業の伸びがめざましい中国では、優秀な若い人をどんどん海外留学させています。国を担うようなエリートは北京大学ではなくスタンフォードやオックスフォードを選ぶのです。卒業後の彼らはそのまま欧米で就職して、仕事の技術やフレームワークを学びますが、やがて中国に戻ります。

なぜなら、中国人である彼らがよく知っているのは中国であり、アメリカやヨーロッパの顧客を満足させるプロダクトより、中国の顧客を満足させるプロダクトをつくるほうが得意だからです。彼らが生み出すプロダクトは中国というマーケットにより適合するし、さらにその市場は世界一大きい――つまり〝**成功するために適切な市場**〟です。

これは〝中国の必勝パターン〟で、映画制作の技術をハリウッドから学び、中国人に合う作品を撮り、中国からアジアという巨大市場に配給して大成功もしています。

「カルチャー・フィット」はこれを応用したものです。自分という資産を、適切なカルチャーの会社で展開してこそ成功するということです。

わかりやすい例を挙げれば、どの会社も、**「男性的カルチャー・女性的カルチャー」**のどちらかを持っています。ユニセックスなカルチャーの会社もゼロではありませんが、日本では非常に少ない。同じように「多様性を重視する」という理念を掲げていても、男性的カルチャーの会社と女性的カルチャーの会社では、ＬＧＢＴＱ（Lesbian・Gay・Bisexual・Transgender・Questioning/Queer ＝レズビアン、ゲイ、バイセクシャル、トランスジェンダー、性的指向を定めない人／性的少数者の総称）に関する考え方や実際の対応はまったく違います。

あるいは**「リベラルなカルチャー・保守的なカルチャー」**という違いも明確にあります。同じように実力主義で評価する会社であっても、リベラルなカルチャーの会社では新しいアイデアを出す人、チャレンジする人が評価され、保守的なカルチャーの会社では数字をあげる人、失敗しない人が評価されるという違いが出てくるのです。

「営業系が評価されるカルチャー・経理畑が出世するカルチャー」というのもあり、これは歴代の社長の出身部署など、会社の歴史をチェックすればすぐにわかります。

「東京にも西海岸と東海岸がある」とＮｅｗｓＰｉｃｋｓの佐々木紀彦ＣＣＯが語っていましたが、**「丸の内のカルチャー・渋谷のカルチャー」**は明らかに違うでしょう。

「私はメーカーに就職したい」というとき、製品や業績だけを見て選びがちですが、自分にとってその会社のカルチャーは適切かを、ほとんどの人は意識していません。

だからこそ、カルチャー・フィットを意識すると、自分を活かせる確率が高まります。

「カルチャー・フィット」は自分にしかわからない

「技術とマーケットのどちらが大事なのか?」

これは僕が大学時代、ゼミの指導教授だった経営学者の榊原清則先生に問われたことです。さあ、どちらでしょう?

先生の答えは後者で、技術はお金で買えるけれど、マーケットを構成している人の心はそう簡単にはわからない、人の心ほど大切なものはない、ということでした。

カルチャー・フィットというコンセプトは、この話にもヒントを得ています。

自分の技術——語学が堪能、数字に強い、テクノロジーが好き——を中心に据えて、それにふさわしいマーケット（会社）を選んでも、カルチャー・フィットを無視した選択だと、自分という資産を見出し、豊かにするような働き方はできません。

なぜなら、語学や数字という技術は学べば身につくものですし、どんな技術が必要かはどんどん変化します。また、就活生や転職を考えている二〇代の技術というのは、実際のところ即戦力にはならないことが多いのです。

いっぽう、カルチャー・フィットというのはそうそう変わるものではありません。そしてカルチャー・フィットを間違えた場合、ふたつの重大なデメリットがあります。

デメリット①カルチャー・フィットを間違うと、優秀でも評価されない

たとえば、金融工学という〝技術〟を持っていて、自由で型にとらわれないタイプの就活生Aさんが、大手メガバンクから内定をもらったとしましょう。

伝統あるメガバンクは確固たる組織であり、保守的で真面目なカルチャー。金融工学という技術にはぴったりですが、自由で型にとらわれないAさんにとって、銀行のルールと伝統を重視するカルチャーは合わない。

「礼儀を知らない」とか「コミュニケーションが下手だ」「遅刻する」といった本業とは関係のない、でも銀行の人なら気になってたまらない判断基準で低い評価を下され、やりたい仕事もできずにフラストレーションを抱えることになるかもしれません。

それならIT系企業や外資の投資銀行など、「本業で成果をあげればあとの行動は自

由でいい」という会社に入ったほうが評価され、多くの仕事を任されて成長できるのです。

評価システムというと、「私は出世したくないから別にいい」とか「どうせ給料は変わらない」という人もいますが、軽視すべきではありません。

人にどう評価されるかというのは、お金や出世の話ではありません。人間の本質にかかわる問題であり、**自己肯定感に影響し、やりがいと直結**すると僕は思っています。

評価されたくないところを評価されたり、評価してほしい点をスルーされたりする会社に入ってしまうのは、不幸以外の何物でもないのではないでしょうか。

デメリット②会社はカルチャー・フィットまで見てくれない

カルチャー・フィットのカルチャーとは、かつて漠然と社風と呼ばれていたものです。企業によっては採用活動の際、人事担当者などが「この人は優秀だけれど、うちの社風には合わない」という選別をすることがありました。しかし、これは過去の話です。

少子高齢化の今、大抵の企業は新卒でも中途でも、優秀な若手が欲しくてたまらない。カルチャー・フィットなど考えず、「良さそうな人材はとりあえず採用する」という企業も少なくありません。

かつてあるラグジュアリーブランドの人事担当者から、「高学歴でルックスがまずまず、家庭がきちんとしていそうな大卒は即採用します」と聞いて、愕然としたことがあります。なぜなら、採用された人たちが与えられる仕事は「接客」のみだから。

世界に誇るラグジュアリーブランドを志望する高学歴の学生なら、グローバルに活躍することを思い描いているかもしれません。それなのに接客だけでその先のキャリアパスがなかったら、いかに素晴らしい商品を扱っていても物足りなくなるでしょう。

しかし企業側の理屈は、「ハズレがない人材を確保したい」、ただそれだけなのです。**採用した人の先のことまでは知らない――そんな残酷な本音**も潜んでいます。

能力と意欲が高ければ、どんな企業も「欲しい」と言ってくれます。しかし、その企業はあなたを知り尽くし、あなたの将来まで考えてはくれません。

「自分がわからない」とあなたは思っているかもしれませんが、採用側よりははるかによく知っているはずです。カルチャー・フィットをよく見た上で企業を「選ぶ」という姿勢を崩さないことを、くれぐれも忘れないでください。

一生自分を守ってくれる「ふたつのリスト」をつくる

会社は守ってくれない。僕は新卒で就職したときからそういう自覚で生きている人間なので、はっきり申し上げておきます。

あなたを守ってくれるのは会社ではなく、**取引先リストと顧客リスト**です。**人生の年収はこれで決まる**と言っても過言ではありません。

今後、転職が当たり前になれば、「会社に守ってもらう」という意識でいるのは危険です。社内でいかに上司に気に入られても、信頼できる社内人脈を築いても、「辞めたら役に立たないもの」になってしまいます。

その点、取引先リストと顧客リストはモバイルです。きちんとつき合い、お互いに仕事でコミットするという関係性を築けば、今の会社を離れて転職しても起業してもあなたを守ってくれる財産になります。

また、「転職しようか」「起業したい」というとき、力になってくれるのは同じ会社の仲間よりも、取引先と顧客（貢献したい人、助けてあげたい人、幸せにしてあげたい人）なのです。

①取引先リストとは？

取引先とは、言い方を変えると**同じ営業プロジェクトで協働するパートナー。**

僕を例にとれば、各出版社の編集者、営業パーソンたちが「取引先リスト」で、アマゾン時代から二〇年近く続いています。

たとえばアマゾンのバイヤーをしていた頃、「この本を盛り立ててアマゾンのランキング第一位にしよう！」と共に目論んだベストセラー編集者、営業パーソンとは、僕が独立して出版プロデューサーになってからもタッグを組んでいます。違うフェーズで「この著者を世界一にしよう！」と協働しているということです。

プロデュースした著者は大勢いて、『人生がときめく片づけの魔法』が世界的ベストセラーになり、ネットフリックスの番組も大成功したこんまりこと近藤麻理恵さんもそのひとりです。

これは出版界の特殊な例ではありません。**どんな業界にも社内で完結する仕事はなく、**

必ず取引先がいます。その人たちと何十年と続く関係性を築けるかどうかで、あなたのキャリアは変わってきます。

詳しくは次章から述べていきますが、取引先リストをつくるとは「気が合う」とか「親しくなる」といったこととは別次元。お互いに仕事でメリットを与え合う関係になることが必須です。

②顧客リスト

顧客リストとは文字通り、あなたが持っているお客様のリストです。優秀な営業、接客、料理人などは大抵**「あなたから買いたい」「あなたのつくったものが好きだ」**というファンを持っています。これが顧客リストです。

僕は二〇〇四年七月より、約一六年間にわたって通算五五〇〇回発行している書評メルマガ『ビジネスブックマラソン』の五万四〇〇〇人の読者という顧客リストを持っていますが、自分が得意とするビジネス書について発信することで自ら獲得した宝物です。

今は誰でも発信できる時代。ＹｏｕＴｕｂｅｒの活躍を見ればわかる通り、**テクノロジーのおかげで誰にでも顧客リストがつくれます。**これを活用しない手はないでしょう。

「取引先リスト＋顧客リスト」があれば、起業する際には潤沢な資本金に匹敵する力となります。実際、投資してくれるのは仲がいい人ではなく、「この人の仕事なら成功するだろう」と踏んでくれる取引先です。

転職する場合も「この人を採用すれば、こんな取引先と顧客がついてくる！」と企業に歓迎されます。

長く仕事でおつき合いできる、緊張感と信頼がある関係性をつくり上げれば、生涯自分を守ってくれる応援者となりますし、あなた自身の資産価値も増えていくのです。

マネー・リテラシーを高めていく

「自分という資産を高める」
「カルチャー・フィットで判断する」
「自分を守ってくれるのは取引先リストと顧客リスト」

序章でこのような基本を書くと、「『20代で人生の年収は9割決まる。』って、自己啓発的な話なのだろうか?」と思う人もいるかもしれません。

しかし、僕は筋金入りのリアリスト。自分という資産価値が高まっているのに、いつもお金の心配をしているというのはあり得ないと考えています。

特にこのような不確実な時代に、お金のことを意識しないで「将来はなんとかなる」と楽天的に構えている人は少数派でしょう。

したがって本書では、マネー・リテラシーを高め、実際にお金の心配をしなくてすむようなキャリアのつくり方、お金とのつき合い方も提案していきます。

ただしあなたが、「年収一億円を目指す法！」とか「四〇歳でリタイアできる稼ぎ方」といったアドバイスを求めているなら、本書はフィットしないでしょう。

僕が述べていくのは、究極的には**「お金の奴隷にならない方法」**です。

資産が数十億円になってもまだ足りないと血眼になっている人も、「今月も不足分をキャッシングで補填した。残業代もつかないから副業しようか」と考えている人も、お金にとらわれているという点で、同じようにお金の奴隷です。

ある書籍によれば、日本では年収八〇〇万円を超えると、年収三〇〇〇万円になろうが一億円になろうが、幸福度はさほど変わらないそうです。

そこで僕が本書でお伝えしたいのは、収入に依存しなくなる方法です。そのためには、ある程度のお金を持つことも必要ですし、逆にあえてお金を使わずに暮らしてみることも必要です。

また、金融工学の勝者が世界の富を独占しているのも厳然たる事実ですから、基本的な投資の考え方も紹介します。

結局、**マネー・リテラシーというのも、自分という資産の一部**だということです。

第1章

二〇代で始める「仕込みの八年」のロードマップ

Q

エベレストの頂上はどこにある？

A 「自分の立ち位置」を確保すれば成功は手に入る。

大切なのは、ナンバーワンを目指すことじゃない。
「自分の立ち位置」を見つけ出すことだ。
そこでしばらく、踏ん張ることだ。
山の頂上に立って「ナンバーワンになった！」と喜んでも、
その場所そのものが、崩れてしまうかもしれない。
そうなると、次に高いところが頂上になるが、
それもまた崩れるかもしれない。
エベレストの標高は、8848メートルだけど、日々変動する。
「頂上の面積」は1坪。
一辺が、1.8メートルの四角形に過ぎない。
だから「ナンバーワンの場所」なんて、嵐や雪で簡単に変わる。
必死になって「自分の立ち位置」を見つけて、それを守ろう。
あなたが立っている場所がやがて、
「頂上」になるかもしれないのだから。

「仕込みの八年」のルートマップ

「三〇代なのに、職場ではまだ若手だ」

そんな声が珍しくない超高齢化社会の日本において、手応えがある仕事をする〃本物のキャリア〃は、三〇代がスタートと言っていいでしょう。

では、就職してから三〇代まではなんなのか？

僕は**「仕込みの時期」**と定義しています。投資をする際、最初のタネ銭となる一〇〇万円をコツコツ貯めるように、**まず自分という資産に基本的なスペックを備える**のです。

二二歳から仕込みを始めたとして、三〇歳までのおよそ八年間は、率直に言って地味です。「楽しい」なんて言いません。仕込みの時期だから、成果よりも努力の割合が圧倒的に多いでしょう。「長すぎる、耐えられない」と感じる人も、いるかもしれません。

それでも人生は長い。八年と比べたら、多くの場合、圧倒的に長いはずです。八年耐えただけで、その先の数十年が満たされるのなら、大いに耐える価値があります。

とはいえ**根性論ではない**ので、「ひたすら耐えろ！」と言う気はありません。

初めての場所なのに地図なしで歩き出したら、たとえ一〇分でも遠く感じるものです。目をつぶると数歩しか歩けないのは、先行きが見えない不安に負けるからでしょう。

突然、電車が止まったとき、何ひとつアナウンスがないと、乗客の不安とイライラは急上昇します。ところが「停止信号です。信号が変わり次第、発車します」と知らされたとたん、みんな落ち着いてスマホの画面に戻るのです。

仕込みの八年も同じこと。

僕自身を含め、終えてしまった人は「あっという間だった」と感じますが、これから仕込む人にはあまりに長い、膨大な時間だと思います。

そんな不安やイライラを取り払うために、年齢をマイルストーンにした「仕込みの八年プラスα」のルートマップを紹介しておきましょう。

二〇代前半：会社に労力を提供し、ビジネスの基礎知識を教えてもらう

入社してから二〇代半ばまでのおよそ三年は、体を張って職場に尽くす時期。「若い感性を活かそう！　経験がない分、アイデア勝負」と思っているなら、それは一〇〇％の勘違いです。

一九歳で起業したビル・ゲイツのように、若さゆえのクリエイティビティを発揮する人も存在しますが、ひと握りの天才だけ。残る九九％の人がこの年齢で求められているのは、**素直な心とよく動く体**です。これは会社のニーズでもあります。

労力を提供するというと、「安い給料で会社に搾取《さくしゅ》される」と感じるかもしれませんが、これは等価交換です。あなたが提供する労力の見返りに、会社は一般的なビジネスマナーや対人スキル、メールの書き方、話し方、職種によってはなんらかの技術も教えてくれます。この時期の給料は、「おまけ」のようなものです。

さらに重要なのは、ビジネスの基礎を教えてもらえるのは若いうちだけだということ。年齢を重ねると、「えっ、こんなことも知らないの」と密かにダメ判定を下されるだけで、相手は何も教えてくれません。

基礎動作ができるというのは、どんな業界のどんな職種だろうと、本格的に仕事をして信用を得るための第一歩なのです。

「ビジネスマナーなんてネットでわかる」という意見もありますが、独学による知識は実戦であまり役に立ちません。何より、あなたに基礎動作を教えてくれた人が、やがて「これをやってみなさい」とチャンスを与えてくれる人になるのです。

スティーブ・ジョブズのキャリアのスタートは、よく知られている通り、ウォズニアックとつくった〈ブルーボックス〉の販売ですが、すぐに撤退しています。その後の**ジョブズが、時給五ドルの下っ端エンジニアとしてアタリに就職**したことを忘れてはなりません。彼が素直だったかどうかは別として、一社員としてアタリという組織で基礎を学んだことも、アップルの成功の一因ではないでしょうか。

ビジネスの基礎を教えてもらえる最初で最後の期間と捉え、有効活用しましょう。

二〇代後半：「一生食べていける四つの条件」制覇に着手する

「ビジネスの基礎はもう学べた。いよいよ上のレベルを目指したい」

「最初の就職は失敗だった。転職したい」

「今の会社は悪くないが、このままでいいとも思えない……」


二〇代も半ばになって仕事に慣れてくると、うまくいっている人もそうでない人も、その先のステップを意識し始めます。仕込みという観点で考えるなら、この年頃で「一生食べていける四つの条件」の制覇に取りかかるといいでしょう。この条件を完全制覇すれば、今の延長線上にキャリアを築こうと、ルートを変えようと、何があっても潰しが効きます。具体的には次の四つです。

①成長が早い
②「取引先リスト＋顧客リスト」を持っている

③希少な経験をしている
④固有名詞を持っている

①の「成長が早い」は、急速に成長して若くして手柄をあげるパターン。ベンチャーのような、若手にチャレンジさせる会社にいると、成長は早くなります。PDCA（Plan：計画、Do：実行、Check：評価、Action：改善）を短いスパンで何度もやれば、成功率は高まります。巨大なチームにいて一回しか試合に出られない選手より、小さなチームでも毎週試合に出ている選手のほうが成長は早いというのと同じです。また、若いうちに早く成長した人は、その後新しいことをする際にも、早くマスターする癖づけができます。

あなたがもし頻繁に試合に出られる環境にあるなら、二〇代後半から三〇代に入るまでに、**「自分の手柄」**とはっきりわかるものをひとつは手に入れましょう。そうすると大きな仕事を任され、ホームランを打つチャンスがもらえます。自分は何が得意かも、だんだん見えてきます。**成功は一息に手に入りません。**成功体験がある人が、それをタネ銭に、もっと大きな成功を手にするパターンを繰り返す倍々ゲームです。

②の「取引先リスト＋顧客リスト」は、役職がつかないとつくれないわけではありま

せん。むしろ**現場にいる若手の頃から、意識して始めなければ豊かなリストにはなり得ない**のです。繰り返しますが、このふたつのリストは一生あなたを守ってくれるものです。詳しいつくり方については後述します。

③の「希少な経験」にはいろいろあります。誰もやったことがない新規プロジェクトのメンバーに入る、かつてない大きな案件を成功させるといったドラマチックなこともあります。あなたの能力と会社に与えられるチャンスが合致していて、うまく狙えそうなら、ぜひトライすべきです。「それは難しそうだ」という場合、もう少し難易度を下げることもできます。それは**「人に会う」**こと。

現在、大手教育産業の企画部で活躍している四〇代のMさんは、大学卒業後は大手通信会社の秘書としてキャリアをスタートさせました。秘書は華やかに見えますが、キャリアという観点ではやや弱い。女性秘書は飾り物という会社は未だにあります。Mさんも補助的な地味な仕事が大半でしたが、彼女はそこでビジネスの基礎を学びながら仕込みをしたのです。

上司は通信業界の大物だったために、彼女は日本の実業界のトップのほとんどと面識を得ました。『入社1年目の教科書』（ダイヤモンド社）で岩瀬大輔さんが言っている、カバン持ちをオフィスで行ったということです。

彼女は実業界のほとんどのトップと面識を得たという希少な経験を活かして営業職に転じ、さらに転職して企画の仕事で大成功しています。人に会う、それだけでも希少な経験となり得ます。なぜなら「この人を知っている」というのは、一種の信用となり、**クローズドな情報にアクセスする通行証**にもなるためです。

④の「固有名詞を持っている」とは、**誰でも知っている仕事にかかわる、**ということです。

「飲料メーカーで働いていました」という人と、「『お〜いお茶』の開発チームにいました」という人では、相手に与えるインパクトはまったく違います。

年齢がいくと大プロジェクトに携わるには相当な実力が必要ですが、若手のうちは「端っこに座っている下っ端」として簡単にチームに入れます。参加したら、どんなにささやかでも誠実に貢献すれば、それは「『お〜いお茶』という大成功したプロジェクト」にかかわったことになります。それで第四の条件が満たされるのです。

二〇代後半〜三〇代：「社内ポジション」でなく「武勲」を狙う

「一生食べていける四つの条件」は、数年で制覇できるようなものではありません。四つの条件のうちでも、達成しやすいものから着手していくといいでしょう。

二〇代の後半に入ると、同期の中でも出世コースに乗る人とそうでない人に分かれていくことがありますが、「社内ポジション」と「自分の手柄」のどちらを取るかといえば、狙うべきは迷うことなく「自分の手柄」です。

僕はこれを〝武勲〟——戦って立てた手柄と呼んでいますが、「こんな仕事をやりました！」というものは非常に大切です。

「あの仕事を手掛けた○○さん」という武勲があれば、いろいろな仕事をするチャンスがやってきますし、転職の際にも有利です。何より、自己肯定感が高まり、自分という資産が豊かになります。

二〇代後半からは武勲をたくさん集められる時期。**小さくてもいいのでたくさん仕込**

んでいきたいものです。

一方、社内ポジションというものは、その後のキャリアにおいてさほど重要ではありません。試合に出る回数を増やすために「とりあえず主任を目指す」程度でいいでしょう。

ヘッドハンターと話しているとみんな声を揃えていうのが、「五〇代の部長が一番やっかいだ」という言葉。きつい言い方になりますが、好景気の時代に就職し、たまたま部長のポジションになって年収一〇〇〇万円を超えたというタイプは最悪です。なぜなら、社内ポジションと年収が自分の価値だと勘違いしてしまうから。

こうした人が社内政治などに敗れて転職を考えたとき、ヘッドハンターに「あなたの市場価値は六〇〇万円です」と言われると、腹を立てて転職自体をやめてしまいます。

しかし社内で居場所がなくなって転職を考えているのですから、その末路はハッピーとは言い難いものです。

社内でのポジションは外の世界では通用せず、社内にとどまっていても最終的には役員になれるひと握りの人にしか役に立たないものです。そもそも一生同じ会社で働く気がない人が、若いうちから社内ポジションを狙うのは、無意味としか言いようがありません。

三〇代前半までに「経験としての転職」をしておく

二〇代後半から三〇代にかけて、**「経験としての転職」**をしておきましょう。理由は四つあります。

①武勲を立てるために、転職は有効

試合に出るチャンスを与えられない会社でじっとしていても、挑戦できなければ武勲を立てようがありません。より武勲が立てやすい場に移動して、仕込みを続けましょう。

②一生食べていける四つの条件を制覇するために、転職は有効

たとえ今の会社でうまくいっていても、もっとPDCAが速い会社に行ったほうが早く成長できます。希少な経験をするにも、人とたくさん出会うにも、場を変えるというのは手っ取り早くて簡単な手段ですから、試さない手はありません。

③転職は、もう一度、新人になれるチャンス

特に二〇代であれば、転職は売り手市場。「ひと通りのビジネスの基礎を装備した新人」というのは、どこの企業でも欲しい人材。一番手間がかかる研修をよその会社でやってくれていて、素直な心とよく動く体を持った〝新人〟が手に入るのですから、歓迎されます。また、あなたの側からしても「わからないので教えてください」という態度が許されるラストチャンスの年齢が二〇代、場合によっては三〇代の初めです。

④転職もキャリアの一部であり、「仕込み」の仕上げ

リーマンショック前までの日本は新卒から同じ会社に勤め続ける人が優秀だと評価されました。今の転職市場では「四〇歳で初めて転職を考えました」という人がいたら、キャリアについて真剣に考えていない、危機感のない人と見なす――これはある企業の人事部長に聞いた話ですが、僕も同意です。

二〇代から三〇代に入るまで仕込みの八年を送ったら、プラスαとして三〇代前半に「転職」をしておく。これが僕のお勧めする「仕込みの八年プラスα」のルートマップです。

資格よりも役に立つのは「意外・複雑・多様」

甘いのか、辛いのか、しょっぱいのか、すっぱいのか。

「おいしいけど、よくわからない」という料理。全部の味がするようにも思える、複雑なうまみを醸し出す料理。それがインドネシアのチャーハン「ナシゴレン」です。

ビジネスパーソンも、ナシゴレンのような人材を目指すべきだと思います。二〇代で仕込みをするとき、たったひとつにかけては危険だとも感じるのです。

なぜなら、ひとつの味だとすぐに取り替えがきくから。プログラミング、営業、語学、何にしろ、**「あいつの強みは○○だ」とひと言で語られてしまうようではアウト。**

自分よりプログラミングができる人、営業成績がいい人、英語も他言語もできる人がいれば、そこで価値がなくなります。どんな分野でも上には上がいるというのは、キツいけれど、確かな現実です。今後はAIというライバルがもっと実力をつけてきます。かつて絶対とされていた資格も意味がなくなる時代はもう来ているのかもしれません。

しかし、**強みを組み合わせることでシナリオは変わります。**

転職市場を見れば、わかるはずです。プログラミングができる人も営業ができる人も、語学ができる人もたくさんいるけれど、「プログラミングも営業も両方できる人」は、なかなかいません。三つ組み合わせたら、もっと少ない。ヘッドハンターが欲しがるのは、そうした人材です。

この組み合わせが**「意外・複雑・多様」**だと、ほかに代わりのいない人材になれますし、自分という資産が豊かになります。これはひとつの道を極めるより、ぐんと成功率が高い作戦といえます。

山口周さんの『世界のエリートはなぜ「美意識」を鍛えるのか？』（光文社新書）が大ヒットしましたが、かつてはビジネスと関係ないとされていたアートや創造性も人間の得意分野として注目されています。趣味とされていたアニメや音楽も、極めれば自分の資産になり、武器になります。スポーツ好きとウェルネス産業が結びつくこともあります。

今後問われるのは、既存の資格ではなくクオリフィケーション（Qualification：必要とされる資質）。そのために二〇代から三〇代はじめはさまざまな仕込みをしましょう。

苦手分野を学んでおく

「中学生、高校生は学問そのものから学べる年齢です。でも、やがて大人になると、人からしか学べなくなります」

ある中学校の校長先生がこう語っていて、その通りだなと感じ入りました。

学問の延長である本や情報から学べるのはせいぜい大学生まで。その後、**二〇代から三〇代にかけては、人と場所から学ぶ時期**に入ります。メンター、上司、出会う人たちから学び、会社、プロジェクトという場所から学ぶということです。

これが四〇代以降になると、人からも学べなくなります。

残念なことに素直さを失いますし、感性も衰え、人の教えをすんなり吸収する能力も落ちてきます。四〇代以降も場所からは学べますが、新しい経験をする数は減っていきます。なぜなら、未知のものが減っていくし、環境を変えることが億劫になるためです。

それなら二〇代から三〇代の仕込みの時期は、**「最後の学習期間」**ととらえて、大いに学んでおきましょう。

では、何を学ぶかといえば、お勧めしたいのは苦手分野。「意外・複雑・多様」な人材になる仕込みにもなります。

音楽、アートなどに縁がなかったら、それらを学んでも新たな発見があります。まったくの文系人間が、プログラミングを学ぶといったことでもいいし、料理を習ってもいい。

一見、仕事とは関係なさそうなことが、思わぬところで役立つのが面白いところです。テクノロジーの恩恵を最大限に活用し、ネットの動画もどんどん使いましょう。お金をかける必要はありません。ただし、その道のプロや得意な人から直接学ぶのは、さまざまな付加価値があります。

その人たちとのつき合いが、希少な経験になることもあります。取引先リスト、顧客リストになるという、思わぬ展開もあり得なくはないのです。

二〇代前半であれば、学生時代の名残で学習も辛うじてできるはずですから、勉強も有効です。

僕の場合、数字が苦手で弱かったので、**二〇代で徹底して会計を勉強**しました。たぶんこの仕込みがなければ、会社を経営できていないと思います。

「好きで得意なことを伸ばして、苦手分野はプロに任せたほうがいい」

こうした主張があることは承知しています。確かに「これぞという自分の強み」をつくりたいなら、苦手なことについて一生懸命に努力をするより、もともと得意なことを追求したほうがいいでしょう。

しかしここで言う苦手分野の勉強は、苦手を得意にするための勉強ではなく、苦手をなくし、普通レベルにするための勉強です。

僕の例で言えば、会計士が不要になるほど突き詰めたわけではありません。ちゃんとプロをお願いした上で、経営者としてその人たちと対等に話せる程度に、会計を学んだということ。

何も知らなければ、会計士や税理士の報告が何を意味しているのかもわからず、自分の会社の財務諸表を見てもピンとこない状態になり、経営者として機能しなくなります。

つまり、**苦手分野であっても、プロと話して不自由しないくらいの基礎的な知識を蓄えよう**という話です。

「プロに頼むのではなく、チームを組めばいい」という意見もあります。これも『ワンピース』のようで物語としては美しいのですが、シビアな僕としては、あまりお勧めできません。

なぜなら人は裏切るものだから。お金で変わる人もいれば、誰かに悪知恵をつけられて裏切る人もいます。「君は利用されているんだから、こっちへ来い」と敵に取り込まれてしまう人もいるでしょう。

たとえ彼・彼女が信頼できる人物であっても、その人の結婚相手をはじめとする彼らがかかわるまわりの人全員を、今後ずっと信頼できるとは限りません。

苦手分野を学ぶことは、**裏切りに足をすくわれないためのリスクマネジメント**なのです。

わらしべ長者の勝因は、わらを手放さなかったこと

もともと『今昔物語』の説話とされるむかし話、「わらしべ長者」ほど、ビジネスに役立つ物語はありません。**資本主義で成功するための、すべての要素**が入っています。改めて紹介してみましょう。

あるとき貧乏人が、救いを求めて観音さまに祈ります。すると「このお堂を出て、最初につかんだものを大事にせよ」というお告げ。しかしお堂を出てすぐに貧乏人は転んでしまい、つかんだものは、わらでした。

「なんだ、わらか」と捨てずに観音さまの言いつけを守ったところに、貧乏人の才能、すなわち素直さがあります。ビジネスにおいても最初につかむのは、わら程度のちっぽけな仕事です。コピー取り、使い走り、電話番。しかし**言いつけ通りにきちんと素直にこなすこと、それ自体が才能**です。

うるさく飛び交うアブを見つけると、貧乏人はそれをわらに結びつけます。アブは邪魔なだけの虫、わらはただのわら。この**つまらないものふたつを組み合わせるのがアイデアであり、イノベーション。**すべての付加価値はここから生まれます。実用本位でない、遊び心も忘れてはなりません。

わらだけ、アブだけだったら誰も見向きもしませんが、お母さんに抱かれた子供はおもちゃ代わりにそれを欲しがり、貧乏人は代わりにミカンをもらいます。**商品の価値は受け手で決まる。**これも資本主義の原則です。

貧乏人がミカンを持って歩いていくと、病気で倒れている女の人がいます。気の毒に思った貧乏人がミカンを差し出すと、その女性はお礼に高価な反物をくれました。

ミカンと反物は、どう考えても等価ではありません。それなのに交換できた理由も、資本主義の理論で説明できます。**需要が差し迫っていれば、いい交換ができる。**つまり、相手が切実に欲しがるものを自分が持っていれば、交渉の勝者となれるのです。

貧乏人が反物を持って歩いていくと、悪そうな男が「自分の馬と交換しろ」と言い、反物を無理矢理奪っていきます。馬は病気でお荷物だから、反物のほうがいい。悪そうな男はそう判断したのでしょう。

ところが、貧乏人が一生懸命介抱すると、馬はみるみる元気になり、実は名馬だとわかります。

現時点で評価が低いものを、再生したりうまく伸ばしたりすれば、最盛期以上の価値が出てくる。これも資本主義の法則通りです。

貧乏人が名馬を連れて歩いていると、金持ちの目に留まります。「それは実にいい馬だから、ぜひ譲ってほしい」と金持ちに言われた貧乏人は、馬を連れてお屋敷に入っていきます。

いいものを持っていれば、いいものを引き寄せる。**一流のものを持っていると一流の人が集まってくる。**お金は金持ちのところに集まる。これもまた、資本主義の法則です。

結末は諸説ありますが、僕が気に入っているパターンは、極めつきのハッピーエンド。お屋敷にいた金持ちの娘さんは、実は貧乏人がミカンをあげた女性で、ふたりは結婚して豊かに幸せに暮らしました……というものです。**最後に勝利するのは真心**なのです。

働き方を見つめ直すタイミングでは、いつもこの「わらしべ長者」を思い出すといいでしょう。

二〇代〜三〇代はじめの「仕込みの時期」にすることは、どれも地味で即効性のないものです。

ビジネスの基礎知識は重要ですが、すぐに成功に結びつきません。

「一生食べていける四つの条件」は、仕込み期間では完全に制覇できません。

武勲を立てても、それでゴールにはなりません。

転職をしてみても、そこからがスタートです。

つまり、どれも一本のわらに過ぎません。

しかし、「わらしべ長者」が教える通り、はじまりは最初のわら。

わらしべ長者の勝因は、言われた通りに、わらをつかんで離さなかったことです。

わらがなければ、どんなキャリアもスタートしません。逆に言えば、**一本でもわらをつかめば、スタートが切れた**ということです。

『ビジネスマンの父より息子への 30 通の手紙』

（キングスレイ・ウォード、新潮文庫）

世界的ミリオンセラー。実業家の父から、同じく実業家を目指す息子へ宛てて書いた手紙で、内容は父から息子への愛情あふれる助言とエール。「もっと大きくなれるのに、なんと小さな俗物（ポテト）であることよ」「賢い人は金持ちになれるが、人は金持ちになると愚かになる（あるいは妻が愚かになる）」など、読書家の父が選び抜いた名言にも注目。

『経営に終わりはない』（藤沢武夫、文春文庫）

ホンダと言えば、創業者である本田宗一郎の存在感が強いが、本書はその本田宗一郎を経営面で支えた名経営者・藤沢武夫による半生の記録。「大きな夢を持っている人の、その夢を実現する橋がつくれればいい」という著者が、気難しい技術屋、本田宗一郎を活かすために、どう考え、行動したのかが書かれている。No.1 を目指すだけが人生ではない。参謀を目指す人にお勧めの本。

COMMENT

人生 100 年時代のキャリアコンセプトは、「偶然」と「組み合わせ」がカギ。60 年働き続けるとなると、ひとつの業界・企業・職種だけでは難しいですから、転職や起業、“複業”などを組み合わせながら、キャリア構築していくことになります。働き続けるには、それが好きなことややりがいとつながっていることが大事。キャリア構築の基本理論を押さえた上で、偶然を楽しみながら複数の分野を組み合わせていきましょう。自分が何をやりたいかがわからない、という人は、芸術家・岡本太郎の名著『自分の中に毒を持て〈新装版〉』を。人の上に立つより人をサポートしたいという人は、本田宗一郎を No.2 として支えた経営者・藤沢武夫の『経営に終わりはない』を。転職の理論と実際を知りたければ、『転職の思考法』と『転職と副業のかけ算』を。入社してからの心構えと基本を学びたい人には、『ビジネスマンの父より息子への 30 通の手紙』をお勧めします。

キャリアを考えるブックガイド

『このまま今の会社にいていいのか?
と一度でも思ったら読む 転職の思考法』

(北野唯我、ダイヤモンド社)

博報堂、BCGを経て、ハイクラス層対象の人材ポータルサイト「ワンキャリア」に参画した著者が、転職経験の浅い読者をターゲットに、キャリア構築のロジックを説いたベストセラー。〈マーケットバリューは(1)技術資産、(2)人的資産、(3)業界の生産性の三つで決まる〉という、キャリアで大切な3軸が説明されており、年収アップの基本的な考え方が理解できる。

『転職と副業のかけ算
生涯年収を最大化する生き方』(moto、扶桑社)

月間100万PVの個人ブログ『転職アンテナ』の著者であり、短大卒、地方のホームセンター(年収240万円)からスタートして、サラリーマンとして年収1000万円超、副業で4000万円、計5000万円以上を稼ぐmotoさんによるベストセラー。「転職」+「副業」で、生涯年収の最大化をはかる考え方が書かれており、特に転職戦略と自己アピール方法、「情報過疎な領域」を狙うコンテンツ戦略が勉強になる。

『自分の中に毒を持て〈新装版〉』

(岡本太郎、青春出版社)

数多くのビジネスパーソン、アーティストに影響を与えてきた、芸術家・岡本太郎による、名著中の名著。キャリア選択で悩む人に紹介すると、一瞬で問題が解決する、劇薬。「危険だ、という道は必ず、自分の行きたい道なのだ。ほんとうはそっちに進みたいんだ」。岡本太郎の激しい言葉が、自分の心の奥底に眠る本能に火をつける。読むときは、自己責任で(笑)。

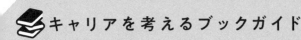

第2章

二〇代：「仕込み」に最適な会社の選び方

Q

「たくさん魚を釣ってこい」

と言われたら、

「大きい池・小さい池」

どっちを選ぶ？

A 「大きければ安心」じゃないのは、会社も同じ。

「大きい池＝たくさん魚が釣れる」というルールはない。
大きくても小さくても、まず、
その池に魚がたくさんいるかどうかを見よう。
次にその魚は、初心者向けのフナなのか、
手強いブラックバスなのか見る。
自分の「釣りのスタイル」を知り、得意な魚がいる池に行くといい。
小さい池だって、大きな池だってかまわない。
また、その池のまわりは、
どれだけ釣り人が陣取れるスペースがあるだろう？
いくらいい池でも、すでに入り込む場所がなければ、釣りができない。
池によっては、新参者が釣りに来られないように、
まわりをぐるりと塀で囲んでいたりするのだ。
魚がたくさんいるかどうかは、需要を読むということ。
自分の釣りのスタイルを知るとは、自分の強みや得意を知るということ。
釣りのスペースや塀をチェックするのは、参入障壁を考えるということ。
小さい池でも、自分が得意な魚がたくさんいて、
釣り人も少ないところがあれば、
それがあなたにとって「最高の大漁池」だ。

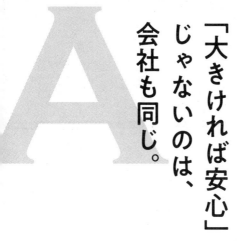

大企業こそ、二〇代の仕込みに最適な「学校」

新卒でも転職でも、仕込みの時期をどこで過ごすか――二〇代で働く会社は重要です。「自分という資産」を増やすために、**会社という資源を最大限に活用**しましょう。

ここで僕がお勧めするのは、大企業を選ぶという戦略です。

昨今、意識が高くて優秀な人の中には、あえて大企業をスルーし、ベンチャーや外資を選ぶ人が多くいます。しかしこれは戦略として正解とは言えません。

なぜなら、グローバル化で世界の情報が入ってくるようになった僕たちが気をつけなければいけないのは、「世界の常識＝日本の常識」ではない点だからです。シリコンバレーの常識は「優秀な人材は就職せずに起業する」「大企業でなくベンチャーを選ぶ」かもしれませんが、日本の優秀な人材のほとんどは大企業にいます。

一方、「一生安泰だから大企業で働きたい」と思っている古き保守傾向信者がいるなら、この不確実な時代に甘い見通しだと言わざるを得ません。

「安泰」ではなく「自分という資産を最大化する仕込みの場」という観点で大企業を見てみましょう。すると二〇代を大企業で過ごす本当のメリットが見えてきます。


大手企業に入る第一のメリットは、**一流の師匠から学べるチャンスがある**こと。

大企業に入る第二のメリットは、**「一生食べていける四つの条件」を制覇しやすい**こと。

「①成長が早い」という点では試合に出るチャンスが少ないので劣りますが、「②取引先リスト+顧客リスト」づくりでは、会社のネットワークを利用できるので有利です。

また、社内の才能ある人のチームに加われば、彼らがつき合う人たちにも会えます。

そこで「③希少な経験」もできるでしょうし、会社が手掛ける大きなプロジェクトの下働きをすることで、NASAに納入する〇〇を扱うチームにいたなどという「④固有名詞」が手に入るのです。

大企業は規模の大きなビジネスができる。その上「会社の看板」でやりやすくなる仕事がたくさんある。それをフル活用するのも戦略のひとつだと覚えておきましょう。

大企業に入る第三のメリットは、**「ビジネスの基礎知識」を学ぶ仕組み**が整っていること。新人に成長のための支援をするメンター制度などもありますし、長年、多くのビジネスパーソンを育ててきた蓄積は「仕込みに最適な学校」という機能を備えています。大いに利用すべきです。

「仕込みの期間を過ごす」という観点では大企業には以上のメリットがありますが、もしもずっと大企業で働きたいなら、自分には次に挙げる**「大企業で働く五つの資質」**があるかどうかをチェックしましょう。

①マネジメントができる

大きな組織で主役になれるのは、人を動かす力がある人。マネジメント能力なしに大企業で自分の力を発揮できる人は存在しません。

②我慢強い

大企業は人間関係も利害関係も複雑であるため、調整能力や根回し、緻密な気配りが要求されます。

③責任感が強い「長男・長女タイプ」

社員、社員の家族、取引先、下請け、孫請けの生活まで考えられる責任感の持ち主が、大企業で伸びていく人です。

④清濁併せ呑める

時には誰かを犠牲にしても利益を優先するというように、残酷な資本主義のロジックで動ける人でなければなりません。

⑤数字に強い

ある程度のレベルまでは四つの資質でやっていけますが、お金と数字に強くない人は、大企業で生き残れないと自覚しましょう。

小さな最先端企業の「鬼速ＰＤＣＡ」で急成長を狙う

「会社という資源を利用する」と考えれば大企業はメリットが多く、給与も高く、福利厚生もしっかりしています。しかし志望者全員が入れるわけではありません。

また、すぐに実践を積みながら学びたい人、飛び抜けて優秀な人、独特の個性がある人にとって、大企業はカルチャー・フィットしないことも多々あります。

そこで浮上してくるのが中小企業ですが、一番まずいパターンは「大企業とまではいかないけれど、そこそこ有名だ」という理由で個性のない中小企業を選ぶこと。新卒でも転職でも、案外やってしまいがちな落とし穴です。

では、**「仕込みの期間」を過ごすのにふさわしい中小企業**はどこかと言えば、急成長しつつある最先端の業界です。こう言うと、ＩＴや金融、コンサルティング業界を選ぶ人が多いかもしれません。大企業以上の高収入が見込める会社もあり、正解に見えますが、そもそも入社が難しい上に、弊害もあります。

二〇代のときの収入は仲間内の誰よりも高くなるけれど、三〇代になったら元手のはずの自分はスカスカ、でも生活水準は下げられない……最先端の業界では、こんな悲劇がザラに起こります。

さらに創成期の人気産業は、企業としてまだ形が整っていません。教育ノウハウや制度が未完成で、会社としての資源に乏しい。ビジネスの基礎が学べるわけがないのです。

また、急成長中の企業は勢いで大量採用をすることもあり、入社試験に合格しても、価値を認められたことにはなりません。あなたが欲しいのではなく、「とりあえず一〇〇人採用したいから、その中のひとり」として社に入れた、単にそれだけというケースも多いものです。

僕が新卒で入社したのはセガ。一九九〇年代後半、当時の最先端であるゲーム業界。**典型的な「やってはいけない」就職を自らやってしまった……まさに苦い教訓**です。

人間の欲望が渦巻くゲーセンでいろいろ試せたことは、今も役に立っていますが、「生涯使える自分の元手をつくる」という意味では、大失敗の就職だったと思います。

もし、どうしても最先端の中小企業に入りたいなら、**「まだ成長し始めたばかりで、人数が少ないタイミング」を選ぶ**こと。社員が一〇人未満という段階で入れば、その会社がぐっと伸びるとき、第一線で活躍するチャンスに恵まれます。

また、**「PDCAがたくさん回せるか」**もチェックしましょう。大ヒットした冨田和成さんの『鬼速PDCA』（クロスメディア・パブリッシング）は素晴らしいメソッドですが、それと似たことができる企業は存在します。

僕はセガの後は編集プロダクションに転職し、毎日取材しつつ一カ月三〇万文字原稿を書くという〝ブラック〟な働き方をしたことがありますが、たくさんチャレンジできるという点では悪くない経験だったと思っています。

試合に出る回数が多ければ、比例して得るものも増えていきます。ユニ・チャームの高原豪久《たかひさ》さんが著書『ユニ・チャーム式　自分を成長させる技術』（ダイヤモンド社）の中で**「タイは三毛作ができるから、一年で日本の三年分の経験が積める」**とおっしゃっていましたが、回数をこなせば実りが多いのはシンプルな事実です。

僕のケースがあくまで「悪くない経験」であって「いい経験」ではない理由は、PとDは凄まじい回数をこなせたものの、CとAは今ひとつだった点。人手が足りない小さな会社ですから、才能がある師匠には多くを学べたものの、チェックと改善・フィードバックが仕組み化されていたとは言えませんでした。

ＰＤＣＡがきちんと高速回転するという点で、狙い目はＩＴ系メディア。

多くの企業の場合、チェックと改善・フィードバックが適切に行われるかどうかは、マネジメント側の問題、簡単に言えば上司次第です。

しかしＩＴ系メディアの場合、「この広告を出したらＰＶがこれだけ伸びた。この広告の要素は……逆に足りない要素は……」とＰＤＣＡが半ばシステム化されています。しかも反応が猛烈に早い。

僕がアマゾンにいた頃、「土井が書いたブラーブ（短いコピー）でこの本が何回クリックされて何冊売れた」というデータが全部出て、マネジャーがフィードバックしてくれました。これはアホでも成長できます。

グーグルやサイバーエージェントは当然として、もう少し規模が小さなＩＴ系メディアも同じことをやっているでしょうし、僕の頃よりもテクノロジーが進化して、はるかに早くフィードバックが来るはずです。

一生食べていくための四つのリストのうち、「①成長が早い」に特化するなら、仕込みの期間、中小のＩＴ企業で過ごすというのも戦略として大いに「あり」です。

ベンチャー企業は「ストックオプション込み」で考える

日本の産業界全体が、これからはサバイバル時代となります。グローバル企業と戦うために、共倒れにならないために、生き残る方法のひとつがM&Aです。

大手銀行も合併と買収を繰り返してきましたし、今後もそれは続くでしょう。そして、コロナ禍後、多くの中小企業はさらに大企業に買収もしくは吸収合併されると予想されます。

たとえ一生働くつもりはないとしても、仕込みの途中で「ウチの会社、食われちゃったよ……」となって転職するのは、キャリアを考える上で望ましくありません。

知名度が高い、ヒット商品があるなどで安心に思える中小企業は多くありますが、**商品が有名で優れたものでも、その会社が有名で優れているとは限りません。**

「コツコツとヒット商品を出してきた小さな会社が、大企業に買収される」というのは、ビジネス小説やドラマなら悲劇ですが、現実には発売元が変わっても消費者にとっては何も変わりません。アマゾン、フェイスブック、ヤフーなどは、優れたサービスを生み出したベンチャー企業を買収してスケールアップしてきました。フェイスブックがインスタグラムを傘下に収めたのもその一例。小さな会社でも最初のヒットは生み出せる。だがそのビジネスを継続していくなら大企業に売却する——これが世界の流れです。

この点を踏まえると、自分という資産を最大化する仕込みの場所として、「無難な中小企業」は避けたほうがいいというのが僕の意見。新卒でも転職でも、中小企業は前項で述べた、「最先端ビジネスをやっている会社」のみを選ぶようにしましょう。そして、これも前述したように「まだ成長し始めたばかり」というタイミングも重要です。

この両方を満たすのが、**ベンチャー企業**です。最初から優秀な人間を集め、少数精鋭でビジネスをするので、強みが明確にある人はぜひ参加すべきです。新卒よりも転職組に、特にお勧めしたいと思います。

ただし、ベンチャーは会社であると同時に、**存在自体が〝値上がりする金融資産〟**です。事業に注力しながら資産価値も高めていけるのが、いいベンチャーと言えます。

ベンチャーに入るなら、ストックオプション（経営者や従業員が自社の株式を一定の行使価格で購入できる権利）をもらえることが絶対条件。IPO（株式上場）を果たしたとき数千万円～数億円の利益を手にすれば、起業もできますし、投資などに回すこともできます。

潰れそうな会社で知恵を学べ

倒産もしくは吸収合併されそうな会社を、あえて仕込みの場に選ぶ戦略もあります。新卒で〝猛烈系〟のところに就職したもののカルチャー・フィットしない人、就活や転職活動がうまくいっていない人、自他共に認める大器晩成型の人……。そんな人たちはもちろんのこと、ちょっと違うやり方で「仕込み」をしたいという人に僕がお勧めするのは、斜陽産業です。潰れそうな会社にこそ、たくさんの知恵が詰まっています。

どんなにニッチでも、ひとつは「業界ナンバーワン」を持っている会社であれば理想的。出版業界で言えば医学書ならどこにも負けない、オタク系に強いといったことです。

出版業界は今、斜陽産業であることは否めません。

しかし**斜陽というのは、一度は日が射した歴史があるから、斜陽なのです。**

絶頂期まで上り詰めるためには、知恵を重ねなければなりません。成功パターンを経験したときにも、また別の知恵は蓄積されます。やがてうまくいかなくなってくると、挽回するための工夫と試行錯誤で新たな知恵が蓄えられます。

このプロセスには時間がかかるから、**斜陽産業には場面場面で蓄えられた知恵がたっぷりとあり、教育ノウハウもできています。**

急激に伸びているウェブメディアｎｏｔｅの加藤貞顕さんも、ＮｅｗｓＰｉｃｋｓの佐々木紀彦さんも元編集者です。斜陽と言われる出版界でした仕込みを、最先端のＩＴ業界で展開し、さらにふたつの業界のコラボまで成功させている好例です。

斜陽産業を選んだ場合、倒産もあり得ますが、それも悪くありません。

僕のセガ時代、優秀な店長は、新規店のオープンと不採算店のクローズに必ず行かされていました。店が潰れる経験から学べることは本当にたくさんあります。**始まりと終わりを両方経験すれば、やがて必ず役に立つ**と、セガの幹部もわかっていたのでしょう。

倒産は、会社の仕組みを経営者感覚で学べる、貴重なチャンス。事業の構造やお金の流れ、追い詰められたときの人間心理も学べます。普段は上層部しか知り得ないことを、いち社員であっても知ることができるのが倒産です。

「会社が派手に潰れたらラッキー」。本気で仕込みがしたければ、これくらい腹をくくって、斜陽産業で働いてみることもひとつの手です。

外資系の現実は「日本支店」だと知っておく

日本の人口減少のペースは加速しています。国立社会保障・人口問題研究所の発表では、日本の人口は二〇一五年時点で一億二七〇九万人、それが、二〇四〇年には一億一〇九二万人、二〇五三年には一億人を割り込むと推計されています。

序章で、「中国人の必勝パターンは、欧米に留学して、よくわかっている中国という巨大市場で商品を展開すること」だと述べましたが、**日本にローカライズしたモノやサービスを、小さな市場で売り続けても、ガラパゴス化する**のは目に見えています。

そこで魅力を放って浮上するのが、「外資系企業」という選択肢です。

帰国子女だったり、留学経験があったり、学生時代から世界を旅している人たちは、グローバルに働きたいという志向があるでしょう。日本企業で働いてみて、カルチャー・フィットしないと感じている人もいるかもしれません。

また、外資の金融やコンサルティングファームは三〇歳で年収数千万円というところも珍しくないので、壮大な働き方ができそうに感じられます。

欧米のワーキングスタイルを学びたい人、高い年収を求める人なら、仕込みの期間を外資系で過ごしてみるのは悪くありません。

新卒で日系の大企業に就職し、数年で外資に転職してキャリアアップするというやり方をする人もいて、それも良い選択です。外資の人材育成システムには優れたものがあります。

また、義理の飲み会、未だ消えない「みんなが残業しているから帰れない」という同調圧力、そうした日本企業にカルチャー・フィットしない人からすれば、外資系の「仕事とプライベートを分ける」という姿勢は心地よいでしょう。

「報酬が高くて、国際的なビジネスを学べて、グローバルなやりがいがある仕事ができる。忘年会とか煩わしい人間関係もないなら、外資は最高じゃないか！」

こんな結論になるかもしれません。しかし、もしもあなたがそう思っているなら、**半分は「その通り！」で、半分は「ちょっと待ってください」**です。

なぜなら日本にある外資系企業の多くは、あくまで「支店」なのです。

ちょっとローカライズして考えてみましょう。

あなたが東北地方の小さな街に住んでいるとして、「地方でなく全国規模の仕事がしたい」と願っているとします。そこで全国展開する大企業の仙台支店に就職したらどうでしょう？　全国規模の仕事ができるでしょうか？

日本で外資系企業に就職した場合、同じことが起こります。

日本にある外資系の多くは「日本支店」への就職です。決定権は本国にあり、日本支店は本国の意向を受けて日本というマーケットを管理する役割に過ぎません。世界にビジネスを展開するのではなく、あくまで担当は日本。海外出張があっても、その多くは本社への報告のためです。

自分たちで戦略を立てても、「いや、本社の意向に合わない」ということで却下され、上司は本国からやってきて、数年で帰ってしまうのもよくあるケース。優秀であれば本社に抜擢されるかと言えば、そういうチャンスもかなり少ない。

外資系企業に行くなら、本社で研修があり、登用のチャンスもあるところ。本社に登用されるチャンスがあるのかは、しっかり調べておきましょう。

「グローバルな仕事をしたい」と本気で考えている人に、僕がお勧めしたいのは**世界規模のビジネスをしている日本企業**に就職することです。

海外のマーケットに商品展開をしている日本のメーカー。あるいは鉄道や水道・ガスなど、開発途上国のインフラをつくっている日本企業。

「とりあえず三年、アフリカに行ってこい！」と言われて積んだ経験は、東京の外資系企業でスタバのラテを飲みながら積む経験よりも、泥臭くてハードなことは間違いありません。しかしその濃密さが最良の仕込みとなり、自分という資産が豊かになります。「希少な経験」もできますし、タスクが多いので「成長が早く」なるでしょう。また、海外にいる日本人は業種を超えてネットワークができるので、「取引先リスト＋顧客リスト」もできます。「アフリカの〇〇国のインフラをつくった」という「固有名詞」も手に入るかもしれません。興味がある人は、『池上彰のアフリカビジネス入門』（日経BP）が必読書です。

海外のマーケットを狙っている日本企業は中小企業から大企業までいろいろあります。「グローバルな仕込みの場」として、外資系企業以外にも目を向けてみましょう。

絶対に損をしない！　女性のための仕込みの場

本書は男女問わず読めるように執筆していますし、女性も生涯働き続けることが当然の世の中になってきました。橘玲さんの『2億円と専業主婦』（マガジンハウス）によれば、大卒正社員男性の生涯年収は二億六九八〇万円、大卒正社員の女性は二億一五九〇万円です。五〇〇〇万円の男女差があるとはいえ、生涯で二億円も稼げるのです。「キャリアを中断すべきではない！」と思うのは、女性自身もまたパートナーの男性も同じでしょう。夫婦共働きの家庭と専業主婦家庭では、生涯年収が二億円も違ってくるのですから。

ただしキャリアを中断した場合、多くの女性はパートなどの非正規雇用となり、生涯年収は大きく下がります。およそ七割の女性が何らかの形で働いていると言われますが、二〇一八年の「働く女性の実情」（厚生労働省）によれば、**働く女性の五六・〇%が非正規雇用**です。男性の非正規雇用者の割合は二二・二%ですから、男性の育児参加が増えてきているとはいえ、女性が出産によってキャリアを中断している現実があります。非正規雇用でキャリアを再開するのは、お金の面で言うと圧倒的に不利です。

人はまた、お金のためにだけ働いているのではありません。能力が高い女性が、いったんキャリアを中断すると、スキルを活かせない職種のパートやアルバイトになるというのは、もったいない話です。

制度を改革し、男性の意識も変えるべきですが、**女性はより現実的に「キャリアが途切れない仕込みの場」を選ぶ**べきでしょう。そこで僕がお勧めするのは次の四つです。

①一生働ける国家資格――医師・教師

医療、教育の現場は男女平等で、国家資格があればキャリアが中断しても同じ職場、もしくは別の職場でも同じ仕事を続けられます。超高齢化社会でニーズが増すばかりの医師、子供がいかに減っても永遠になくならない教師、大学の教授などは女性向きです。

②福利厚生や育児休暇制度が利用できる大企業

これは男性にも関係してきますが、結婚、出産を考えた場合、福利厚生が充実しているのは大企業。働きやすい職場の条件はいろいろありますが、勤務時間のみならず、休む時間にも配慮がなされているべきです。これは確率論ですから例外もありますが、福利厚生が制度として整っているのがどちらかといえば、大企業に軍配が上がるでしょう。「出産休暇、育児休暇はどのようなものか?」「その間の手当はどのようになっているか?」はもちろんのこと、「実際に制度を利用した前例はどのくらいあるのか? 休暇がとりやすい環境か?」も、OGなどにリサーチしておくことです。

このふたつは「長くキャリアを続ける」という観点でのチョイスです。医学や学問に興味がない人も多くいます。また、**才能があって経営幹部になりたい、あるいは起業したい女性であれば「仕込みの場」としてふさわしいのは大企業ではありません。**

なぜなら、仕込みの仕上げの段階であり、大きなチャレンジができる三〇代初め、大企業が試合に出るチャンスを与えるのは男性だからです。そこでお勧めするのが次です。

③実力主義の外資や中小企業

才能がある多くの女性が外資系企業を選ぶ理由は、男女差がない実力主義だから。事実、僕が在籍していた当時、アマゾンの上司にはたくさん女性がいました。

出版業界はほとんどが中小企業ですが、昔から男女平等です。日本では、ＩＴ業界を含めたコンテンツ業界も、男女を問わない実力主義の会社が多くあります。

女性が少ない中小企業であれば、会社側に希少価値と見なされ、大きな仕事を任される可能性もあります。ただし、「女子が希少」というのは微妙で、「わが社は女性を活躍させています」という広告塔にされたり、セクハラ・パワハラの可能性も。**カルチャー・フィットを見極めることがとりわけ重要**です。もともと男尊女卑の業界や、オーナー経営者が「女は家庭に」という考えをしている会社は、やめておいたほうがいいでしょう。

④リモートワークが可能な業種

男性の育児参加も進んでいくはずですが、家事・育児の負担が完全に半々になるには時間がかかります。女性へのしわ寄せがありそうなら、リモートワークができる仕事を選ぶと、キャリアを中断せずにすみます。デザイナー、翻訳家など**「アウトプットを出すプロセスで人とかかわらない仕事」なら最強**です。今なら、ＹｏｕＴｕｂｅの動画編集などもいいでしょう。経理や秘書業務もリモートで可能になっています。さらに、「アフター・コロナ」の世界では多くの業種でリモートワーク化に拍車がかかるでしょう。

仕込みができない「人気業界と接客業」を避ける

男女共に仕込みの場として避けたいのは、「今、人気の業界」です。

人気があるということは需要が多いということ。**需要が多ければ、それに対応できるように供給が増える**わけで、本業ではない業界、それも大手が参入してきてすぐに供給過多となります。参入するのに人手が少ないとなれば、ＡＩも導入されるでしょう。

典型的な例が美容業界で、メイクアップアーティストは専門性が高く見えますが、今後は化粧品メーカーやＡＩがライバルになります。旅行業界、アパレルも同じ状況ですし、銀行業界も然りです。

このあたりは大学生でもある程度わかっているようで、旅行やアパレル業界は就活生の人気企業ランキングの順位が落ちています。ＡＩ化の影響を受けそうなのに根強い人気があるのは、銀行業界くらいなものです。

今後、明らかに供給が増えそうなところは、何があってもやめておくのが賢明です。

対面接客業というのも需要があって参入障壁が低いので、つい選んでしまいがちですが、「仕込み」の時期に学べることが非常に少ないものです。

一流の女将やホテルマンなど一部の例外はありますが、自分という資産が増えず、むしろ若い時期の素直な心とよく動く体を単なる「労働力」として企業側に消費されるだけで終わります。

さらに、仕込みの時期を終えて転職しようとしても、付加価値が低いので受け入れ先が限られてしまいます。

特に女性は、消費者として好きなことを選んでしまう傾向が強めなので、注意が必要です。正規雇用で接客業をしていた人は、キャリアが中断されたのちは非正規雇用の接客業に再就職というパターンになりがちです。

自分が好きで選ぶのであれば構いませんが、若い頃の経験が評価されず、一〇代のアルバイトや未経験の外国人と同じ「労働力」として時給で働くのは、やりがいという面ではつらいものがあります。

仕込みの時期に適しているのは、何らかの理由で難しいか嫌われているか、どちらかの業界なのです。

『影響力の武器［第三版］』

（ロバート・B・チャルディーニ、誠信書房）

社会心理学の名著。人間の心の引き金を引く「承諾誘導」のテクニックと、その裏にひそむ心理学原理が、実験事例と共に紹介されている。セールスマンや募金勧誘者など、承諾誘導のプロのテクニックも盛り込んでおり、内容はきわめて有用で、使い方によっては危険。「返報性」「一貫性」「社会的証明」「好意」「権威」「希少性」の「6つの心理学原理」が学べる。

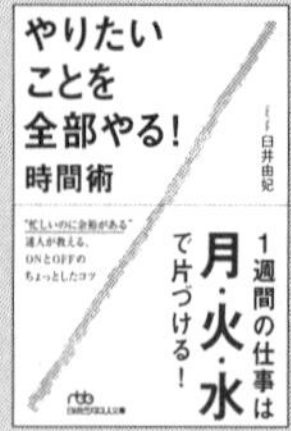

『やりたいことを全部やる！ 時間術』

（臼井由妃、日経ビジネス人文庫）

ビジネスで一番大事な資源は、間違いなく「時間」。著者が、「時間の手綱を、決して相手に渡さないこと」と述べていることからもわかるように、本書には、アポ取りの秘訣から、時間密度を濃くする方法まで、自分が主体となって時間を管理する方法が述べられている。「あれか、これか」の考え方ではなく、「あれも、これも」という「足し算の発想」。「ある行為に、2つも3つもの意味を持たせる」など、示唆に富む内容だ。

COMMENT

ビジネスの基礎体力とは何か？　1に数字、2に数字、3に数字で4に人間心理、5に資源の使い方。『星の王子さま』で、実業家（ビジネスマン）が、ひたすら数字を数えていたのには、ちゃんと理由があります。
数字は、まず決算書から学びましょう。決算書が読めないのは、成績表が読めないのと同じ。評価基準もわからずに「頑張っているから評価してほしい」というのでは、子供と同じです。自分の仕事がどう決算書に表現されるかを理解することは、ビジネスパーソンとしてとても大事なこと。マーケティングの現場では、何が原因となって結果を生んでいるのか、他者が気づかない点に気づくこと。そして、仮説を検証するために人や資源を動かすこと。もちろん、お金と時間をなるべく使わずに、というのは言うまでもありません。

ビジネスの基礎体力をつけるブックガイド

『決算書がおもしろいほどわかる本』

(石島洋一、PHP 文庫)

決算書というのは、損益計算書、貸借対照表、キャッシュフロー計算書の財務三表のことを言うが、本書はその中でも基本の「損益計算書」をわかりやすく解説した本。これまで読んだ中で、一番初心者にわかりやすく書かれたベストセラー&ロングセラー。ここから始めて、社内で「数字が読める人材」と言われるようになろう。

『サイゼリヤ おいしいから売れるのではない売れているのがおいしい料理だ』

(正垣泰彦、日経ビジネス人文庫)

1973 年創業、「サイゼ」の愛称で若者たちに支持され続けるサイゼリヤ。本書は、その創業者・正垣泰彦さんによる傑作。経営上の数字をどう見て、販売に活かしていくか、東京理科大学出身という理系の著者ならではの切り口が痛快。実験思考でいくらまで割り引きしたら異常値が出るかを探り、結果、7 割引きで客数が一気に増えることを発見。そこから今のスタイルに至ったそう。サイゼファン必読の一冊だ。

『確率思考の戦略論』(森岡毅+今西聖貴、KADOKAWA)

集客数 600 万人増。USJ 奇跡のＶ字回復を実現した元マーケティング責任者の森岡毅さん、P&G 世界本社で市場分析・売上予測を担当していた今西聖貴さんが共著で書いた、マーケティングの名テキスト。「売上を伸ばすためには、1) 自社ブランドへのプレファレンスを高める、2) 認知を高める、3) 配荷を高める、の3つしかない」という明確な理論を打ち立てている。

第3章

二〇代前半～ 仕込みをしながら会社に尽くす

Q

「壊れたゲーム機を今すぐ直せ！」と言われたら？

ゲーセンで働いていたら、メダルゲーム機が壊れて
お客さまからクレームが来た。
ゲーム機の中には、
お客さまがやっとの思いで稼いだメダルが詰まっていて、
「他の台でプレイしてください」だけではおさまらない雰囲気だ。
こんなときに限って、店長もメカに詳しい先輩も外出していて不在。
さて、どうする？

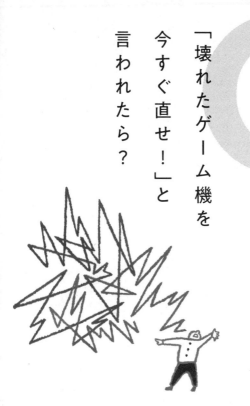

A 「やったことがない＝できない」ではない。

これは僕が新卒1年目、セガのゲーセンで実際に体験した話だ。
ここでの正解は、隣の正常に動いているマシンと比べてみる、
ということ。
比べれば、何が異常かわかり、わりと簡単に解決できたりする。
「経験がないから。専門家じゃないから」は言い訳に過ぎない。
目の前のお客さまの問題を、何がなんでも解決すると腹をくくること。
そうすれば、解決の糸口が見えてくる。
これがビジネスの基本中の基本だ。

もちろん、専門家じゃなければ解決できないものもあるが、
大半の問題は、「常識」で解ける。
そもそもどんな仕組みで動いているのか、
他と比べて何がおかしいのか、
論理立てて考えていけば、新人でも解ける問題は多いものだ。

ビジネスの問題は、あとから気づけばいつも単純な、
ちょっとしたことというケースが多い。
解決の方法は、ささやかで簡単なこと。
それをやるかやらないかは微差だが、
仕事ができる人とそうでない人、
資本主義における勝者と敗者の差は、
大抵それと同じくらいの微差なのだ。

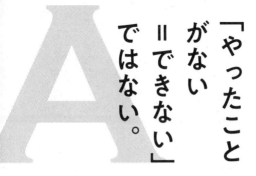

成功者のマインドにチューニングする

「新卒の場合、入社三年目までは自我を捨てて働くといい」

この話を二〇代のビジネスパーソンにしたら、男女問わず「うわっ、昭和ですね！」と予想通りの拒絶反応が出て、笑ってしまいました。確かに「ザ・昭和」な響きです。

しかしこれは**根性論ではなく、成功のためのビジネス戦略。**

自我を捨てるとは、「成功者のマインドにチューニングすること」です。二〇代の初めは、これを徹底的に行うべきだと僕は思っています。なぜなら、二〇代前半はまさに仕込みの第一段階。すでに述べた通り、「自分という資産を増やすために、会社という資源を最大限に活用する」フェーズです。

そこで第2章では、どのような会社にどのような資源が期待できるか、カルチャー・フィットの観点を交えて述べました。

そして実際に会社に入ったら、利用すべきは会社の資源だけではありません。

優れた師匠たる上司と出会い、彼らから学ぶことが、良き仕込みであり「二〇代で自分の資産を最大化する方法」なのです。仕込みの時期は**「会社の資源＋師匠の資源」**で自分の資産を増やしましょう。

この仕込みをしっかりとやっていれば、その後の人生で、自由に売買できるだけの自分という資産を蓄えることができますから、転職や起業という選択肢が増えます。やりたいことができるようになっていけば、満たされた人生を送れる確率が高まります。

「でも、自分には自分の個性もやり方もある」「マイペースで働きたい」という意見もあるでしょう。しかし僕は一〇代の頃から「成功したことがない人は持論を語ってはいけない」と信じていて、それは今も変わりません。

だから二〇代の初めは、**師匠が右と言ったら右、左と言ったら左。**いくらあなたが賢くても、自分の意見は引っ込めてください。一度も成功したことがない自分を根拠のない自信で信じても、うまくいく確率は限りなく低い。師匠のやり方と自己流のやり方を比べた場合、成功率が高いのは明らかに師匠のやり方です。

妙なプライドで自分のやり方にこだわるのは損でしかありません。単純に師匠のやり方を真似ただけだろうと、成功すればそれは「自分の資産」として蓄積されるのです。

言われるがままに働いて、**「うまくいくパターン」**をマスターしてから、自分のやり方を模索しても遅くありません。最初から自己流のやり方にこだわると、うまくいかないし、自分でつくった小さな枠にこだわる妙な癖がついてしまいます。

成功者のマインドにチューニングするとき、ポイントは以下の三つとなります。

①素直になる

成功者は**「普通じゃない」**から成功したのです。成功している師匠はおそらく、「えーっ、なんでこんなことをするんですか?」というやり方を平然としていたり、教えてきたりするでしょう。ここで普通の思考を捨てて、つべこべ言わずに完コピする勢いで真似るというのは、簡単そうでとてもハードルが高いことです。

しかし、これができるかどうかが仕込みのスタート。それには素直さが大切です。何歳になっても成長し続ける人が恐ろしく素直であることはよく知られていますが、一般の人は若ければ若いほど素直なもの。若いうちはそれを最大限活用しましょう。

②トップスピードに合わせる

優秀な人は処理能力が高くて仕事が早い。こなす量が半端ではありません。マイペースは捨てて、**トップ集団のスピード感**に合わせましょう。人は最初についた上司や最初に入った組織のスピード感で仕事のペースが決まります。トップスピードを体感し、身につけた人がスローダウンするのは簡単ですが、逆は不可能です。スピードは慣れなので、無理やりにでも合わせていきましょう。

③勧められたらやってみる

師匠の価値観にチューニングするには、勧められたことを**問答無用に実行**するのが簡単かつ効果的。たとえ似合わなくても勧められた服を買ってみる、興味がなくても「オペラはいいぞ」と言われたら観に行き、「アイデアが枯渇《こかつ》しないように遊べ」と言われたら、徹夜をしてでも遊びましょう。仕事においては、師匠が高リスク案件を選ぶ人なら、自分も高リスク案件を選ぶようにするという具合です。自分の思考や感性を置いておいて、ひたすら合わせるのがコツです。

勧められたら即レスで、スピーディに実行する。即座に師匠に感想を言えるくらいにコミットしましょう。

師匠と出会えなくても「教育システム」は利用できる

師匠を信じ、成功者のマインドにチューニングせよというとき、大きな問題が立ちはだかります。

それは**「ウチの会社には師匠なんていない！」「それどころか最悪上司だ」**というもの。希望の会社に入ったとしても、配属も上司も選べないのが現実です。

上司の性格うんぬんは論外として、「尊敬できない」あるいは「感覚が古すぎて、参考にならない」という意見も耳にします。カリスマのごときすごい人の下につくのでなければ意味がないと感じる人もいるかもしれません。

しかし、たとえ優秀な師匠ではなくても、上司はその会社をよく知っている人です。まずは彼らに従うのは**「成功率が高い教育システムを利用すること」**でもあります。

「徒弟制度が最強の教育システムだ」と述べていたのは、ベストセラー『はじめての課長の教科書』（ディスカヴァー・トゥエンティワン）の酒井穣さん。弟子が師匠の真似をする徒弟制度は、効率的に知恵を伝授する最高の教育制度である——これは僕も同意見です。

中世ヨーロッパで生まれたギルド制度は、問答無用に親方のやり方を完コピすることで卓越した職人芸を生み出していきます。それが伝統産業を守り、育てることにつながりました。世界の一流ブランドの多くがヨーロッパのものであるのは、ギルド制度の影響もあると僕は見ています。

科学をはじめとするアカデミックの世界でも、まずは配属されたラボの研究者を手伝うことから始まります。アートやスポーツの世界でも、同じことが行われています。

落語家を見れば、プライドを捨てて素直に師匠を真似た弟子の中から、個性的な噺家が生まれています。

一般のビジネスであっても、これは当てはまると僕は考えています。

「ウチの上司は地味に仕事をしているだけで、大したことない」と思うかもしれませんが、彼らの持つノウハウや方法論は、十分学ぶ価値があるものです。

たとえ能力が劣る上司でも、あなたよりは絶対に優秀です。

怖い、やっかい、面倒、苦手。そんな自分の感情に負けずに上司に密着できる人が、より多くを学び取れるのです。

配属が不満だったら「GoodはGreatの敵」を思い出す

「希望部署に配属されなかった」というパターンもあります。わかりやすく言えば、「営業希望なのに総務になった」などというケースです。営業が学びたいのに、上司は総務のプロ。こんな師匠についても意味がない……。そう感じるのもわかります。そんなときは、「自分はなぜ営業希望だったのか？」と考えてみるといいでしょう。

もしかするとその希望は「興味があるし、向いていそうだ」と、自分の適性を自分なりに分析して生まれたものかもしれません。

あるいは「この会社の花形は営業だし、営業が良さそうだ」という、会社の中でのポジションを考えて生まれたものかもしれません。

働いたことのない新卒の場合、自分の適性はわからないものです。食べたことがないものが好きか嫌いかわからないのと同じことです。

序章で自分探しをしても自分は見つからないと述べましたが、何年か働いていても、自分の適性を知るというのは相当に難しい。**実際に働いてみて「向いている・向いていない」を確かめたほうが、回り道のようで最短ルート**となります。

第1章で、通信業界の大物の秘書として日本の実業界のトップのほとんどと面識を得るという「希少な経験」を手にしたMさんの例を紹介しました。実は彼女は、現在の大手教育産業の企画に移る前に別の仕事をしています。通信会社で優秀な秘書として活躍し、「これが私の天職だ」と思っていたとき、営業部に異動となったのです。

本人も相当に違和感があったようですが、素直に従ったところ、全国のトップ営業になりました。実は営業のほうに適性があったということです。結果として彼女は、次のキャリアを目指して転職する際に、「実業界の大物と面識がある秘書」という資産と、「大手通信会社の全国トップ営業」という多様な資産を武器にできました。

もうひとつ例を挙げれば、僕の母校、秋田高校の大先輩である西木正明さんは、高校時代は国語が苦手で成績も悪かったのに「おまえは面白い文章を書くなあ」と国語教師に言われて文章を書くようになり、のちに直木賞作家になりました。

僕は小学生の頃、真夜中に眠い目をこすりながら虫かごをずっと見ていたことがあります。丸っこい幼虫から、透き通るような青白い体のセミが出てきて、シワシワの羽をゆっくりと広げた瞬間、眠気が吹き飛ぶほどの強い衝撃を受けたことは忘れられません。

出版プロデューサーとして多くの人を著者として世に送り出していますが、僕のもとにやってくる彼・彼女たちが、これまでやっていたことや自分の強みだと思っていたこととは違う部分で花開く例を、数多く見てきました。

卵、幼虫、サナギ、成虫と形をがらりと変えることを「変態」と言いますが、**幼虫の形が自分らしさだと信じていたら、誰も蝶にはなれません。**

僕はプロデュースをする際、「変態になってください」と呼びかけます。これは、変態であるほど突き抜けてほしいという意味のほかに、「あなたは変態できる。**予想だにしない可能性が秘められている**」というメッセージでもあるのです。

もはやビジネス書の古典ともいえるジム・コリンズの『ビジョナリー・カンパニー2』(日経BP)の原題は“Good to Great”。

「Goodを超えたGreatを目指せ」というこの本の冒頭に、「GoodはGreatの敵である」という話が出てきます。今、向いていると自分が思っていること、やりたいと考えていることは、あなたにとってのGoodかもしれません。しかし、Greatを目指すためには、それを捨てたほうがいいこともままある。

自分の適性を自分で決めるのは可能性を狭めることでもあります。

もちろん、配属先の上司や会社側があなたに対して「この人の適性は何なのか見極めよう」という態度をまったく持っていないなら、考えてもいいかもしれません。あなたを「採用したその他大勢」と見なし、工夫や頑張り、苦手なこと得意なことを見てくれていないなら、その会社では芽が出ない可能性があるということ。中国の故事にもあるように、「千里の馬は常にあれども、伯楽は常にはあらず」（どれだけ才能があってもそれを認めてくれる人がいなければ、力を発揮することはできない。「千里の馬」とは一日に千里を走る力のある名馬、「伯楽」とは馬の力を見分ける人の意味）なのです。

定期的な人事面談も、「会社が自分に目をかけてくれているか」を知るよい機会です。

上司や人事が、あなたの不満に対して「慰め、ガス抜き」をしているだけなのか？活かそうという建設的な提案があるのか？　人事面談を「ボーナス査定の手続き」とバカにするのはもったいない話です。大いに活用しましょう。

その師匠は「外の世界」にネットワークを持っているか？

必要なことをきちんと教えてくれる。

「この次はこれをやろう」と先の計画を提案してくれる。

ある程度任せて、チャレンジさせてくれる。

面倒見がよくてフィードバックも早い……。

こんな上司がいたら、その人がナンバーワン社員ではなかったとしても、素晴らしい師匠です。

もっとも大抵の場合、こうした上司は社内評価も高く、良いポジションにいると思います。幸運に恵まれたことに感謝しつつ、ひたすら上司のマインドにチューニングして、仕込みをするといいでしょう。

しかし、感謝をして教えてもらっても、**「一生、この人についていこう」と思うのはちょっと早い。**ここでシビアに、チェックすべきことがあります。

「この上司は、『外の世界』にネットワークを持っているか?」です。

優秀であっても、それは社内だけに通用する優秀さということもあります。

また、「社外にも顔が広い」と言っても、業界内のネットワークが強いだけということもあります。

仮にあなたが保険業界にいたとしても、一生その業界にとどまるとは限りません。ちょっとスライドして金融業界に行くかもしれない。あるいは保険会社で身につけた営業スキルで、メーカーの営業に移るかもしれない。

それなのに上司が、社内しか知らない人だったら?

同業他社とのネットワークがあっても、それが保険業界だけだったら?

仕込みの時期に大切な「取引先」も広がりませんし、「希少な経験」があまりできません。

良き師弟関係は、師匠に外に連れていってもらい、「こいつは見所があるんですよ」とネットワークにつなげてもらって完結します。

僕の場合、アマゾンにいた頃の師匠は、サイバーエージェントをはじめインターネット関連のベンチャー企業が集中する、渋谷ビットバレーで活躍していた人でした。

アマゾンの仕事においても師匠でしたが、彼は起業家人脈も起業家マインドも持っていたので、〝弟子〟である僕は、外の業界に連れていってもらう機会があったのです。

そこで学んだことや紹介してもらったネットワークが、のちの起業の際に僕の資産として活きました。

師匠と弟子というと古式ゆかしい響きですが、ビジネスには計算も必要。**人情と冷静さを持って、師匠を査定**してみましょう。

上司に賭けてもらえる「大穴枠」になる

成果を出している人は、多かれ少なかれギャンブラーです。

「成功＝努力一〇〇％」という法則は残念ながらないことを、彼らはよく知っています。**九九の努力があっても、運や縁やタイミングが巡ってこないと、成功できない**ことを。

競馬を例に考えてみましょう。

手持ちの九万円を全部使い、出走する馬一八頭に均一に賭けたら、一頭あたり五〇〇〇円の賭けです。勝つ馬はせいぜい四、五倍の馬なので、リターンは二、三万円。これでは赤字になってしまいます。

そこで競馬に強い人は、勝ちそうな馬に絞ります。一頭だけに賭ける人、数頭に賭ける人に分かれますが、大抵は**「確実に勝ちそうな馬と、大穴に賭ける」**となります。自分のカンが絶対だなんて思っていないためです。

出版界の例でいうと、ベストセラーを出す編集者は、「この本だけに賭ける！」という執着心がありません。

いくつもの企画を手掛けている以上、全体を俯瞰しています。

「ABCの企画の種をまいて、すぐに芽が出たAに注力する。しかし、BとCのうち、風変わりなCの芽が急成長するかもしれないから、これも気にかけておく」という具合です。

手堅く成功しそうなものと、「大はずれか大当たりか見当がつかない」もののふたつを追う。中間のBには、あまり関心を払わないのが特徴です。

優秀な編集者は、何十万部というヒットを出しつつ五〇〇部しか売れなかったという最低記録も持っています。

これは出版界に限った話ではないでしょうし、人についても同じことがいえます。

成果を出す上司は、仕事のみならず、部下に対しても「賭け」をしています。

まず注力するのは、手堅く成果を出しそうなエリート――いわゆる優等生です。

そして、ひとりにすべてを注ぎ込むというリスクをとらない優秀な上司はエリートに力を注ぎ、中間層はほどほどにしておきます。

エリート以外にもうひとり注力するのは「大穴になりそうな部下」。

「自分はエリートではない」という自覚がある人は、普通にしていたら賭けてもらえないので大穴枠を狙いましょう。

その際は、できる上司から見て「読めないやつ」になりましょう。

「こいつは何をやり出すかわからない」と思われるとは、それだけ魅力的だということです。

魅力とは「引く力」、引きつけたいなら一歩引いて、「わからない部分」を残したほうがいいのです。

読めないといっても、お客さまに無礼を働く、朝、何時に来るかわからないというのでは論外。素直さ、真面目さ、打たれ強さは絶対条件です。

基本は押さえつつ、発想や行動が奇想天外な新人こそ、「大穴」の称号を手にできるということ。

図3－1のグラフを見ていただければわかる通り、エリートの成果グラフは「高値安定」です。

図3-1

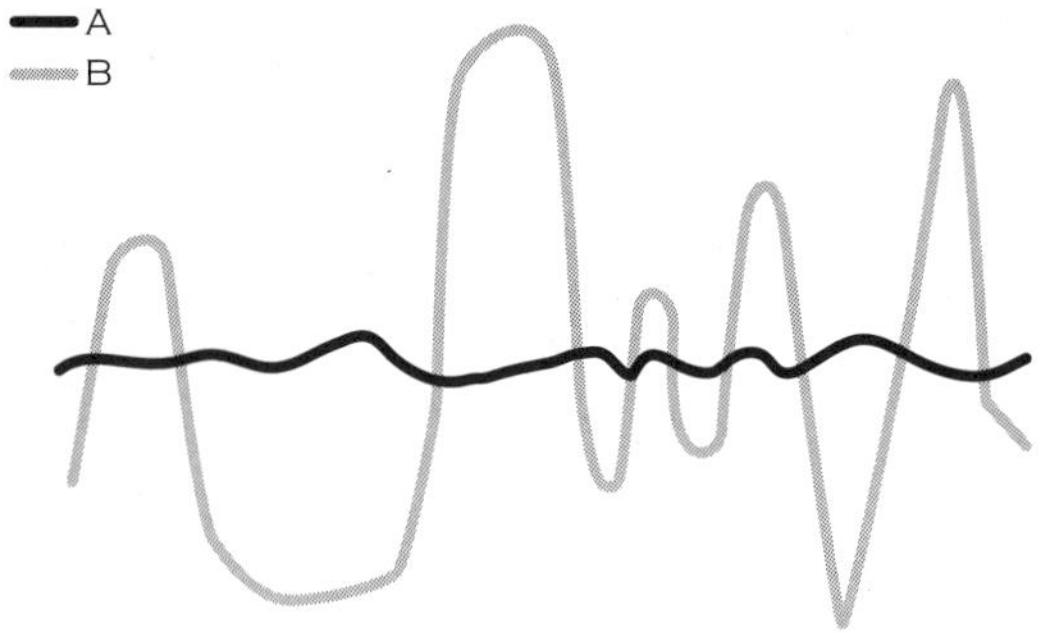

Aがエリート、Bが大穴の成果グラフ。
危なっかしい魅力に弱いのが人間というもの。

能力が高く、うまくいくパターンを持っており、手堅く数字をあげています。

一方、大穴の成果グラフは、時としてエリート以上の高い数値を叩き出しますが、次はどん底という乱高下の波線を描いていきます。

この**波瀾万丈が大穴の魅力であり、強み**でもあります。

なぜなら、いつも安定した成果を出しているエリートは、「どん底のゼロ」が怖くて冒険できません。その結果、成果にもいつのまにか天井ができてしまいます。

その点、大穴は、失敗を恐れないので、**「いつか何かやってくれるに違いない」**と上司が期待し、賭けてくれるような可能性を秘めているのです。

ただし、気をつけるべきは、低値も安定するということ。

ゼロを知らなくて冒険ができない、同じパターンの仕事をするというのは、できない社員も同じです。

成果が出ていないのに、「私のやり方」にこだわる人は、素直さが致命的に欠けています。

成果が出ないのに同じやり方を続け、「いつか大ヒットが生まれる」と信じている人で当たった人を見たことがありません。年齢を重ねるほど本人もつらいし、会社のお荷物になります。

なかなか成果が出ない人は、荒療治ですが、自分をゼロリセットして最初から仕込みを始めるのも手です。

一〇〇倍コミットの計算式を知っておく

ビジネスとはそもそも、自分がたっぷりと持っているものを足りない人に提供して、その代わりにお金をもらうという構造です。新人が持っているものは時間と体力、テクノロジーの優位性。忙しくて時間がない優秀な上司や先輩に、自分の時間を捧げる、デバイスなど相手が疎《うと》い部分をサポートすることが、新人が唯一できるビジネスです。

そのビジネスは、**圧倒的な「量」**を持たなければならない――それが僕の考え方です。

一〇〇の仕事があるとしたら、一〇〇分の一〇〇をやっていても「こいつには将来性がある」「普通じゃない可能性がある」とは、誰も思ってくれません。

一〇〇分の一万、つまり一〇〇倍のコミットがないと、一目置かれる若手にはなり得ないのです。また、師匠と弟子の関係性は、ビジネスでありつつも信頼関係であり、それがないと自分の資産にはなり得ません。それにも圧倒的なコミットが不可欠です。

しかし現実問題として、二〇代前半の人が要求に対して一〇〇倍コミットするのは、能力的に不可能です。

それならどうするかと言えば、まず一〇〇分の一〇〇〇、つまり**一〇倍を目指す**こと。一〇倍のコミットでも相当に難しいのですが、一〇倍を目指せば三倍か五倍はできます。そうすると**「こいつはなかなかできる」**という評価になります。すると任せてもらえることや紹介してもらえる人が増えるので、さらに数値が一〇倍に近づきます。

そして上司のあなたへの期待値は、「将来は一〇〇倍のコミットができる人間になるのではないか」となります。あなた自身も「今は一〇〇〇ですが、いずれ一万やります」と約束します。**将来の〝借り〟を含めれば、これで一〇〇倍コミット**となるのです。

「一〇〇万円を一億円にします」という人はホラ吹きかギャンブラーですが、「一〇〇万円を一〇〇〇万円にします」というのは現実的な話になります。まして一〇〇万円の元手をコツコツ貯めた人なら、誰でも信用するでしょう。

今一〇倍やるという堅実さと、「いずれ一〇〇倍やります」という未来のホラを吹ける大胆さ。このふたつが備わっていたら、とてつもなく有望な若手人材の出来上がりとなります。かつての孫正義さんがそうですよね。

上司は、「こいつにかけてみたい」と、大試合の打席に立つチャンスをくれます。

細部で人は評価される

言われた通りに、きちんとやる。これがどれほど難しくて大切なことか、それはやってみないとなかなかわかりません。

わが社に応募してきたある学生の履歴書を見て、目を疑ったことがあります。工夫を凝らした面白いことが書いてあったからではありません。

名前の横に捺された、はんこ。それはなんと、赤いペンで自分の姓を書き、丸く囲んだ手書きのものだったのです。

驚いた僕が事情を問うと、その学生は「はんこが欠けてしまって、予備も見当たらなかったんです」と答えました。珍しい姓だと、街で気軽に三文判が手に入らないこともあるので、仕方なかったのでしょうか？

いくら印鑑廃止トレンドとはいえ、これでは印象が悪すぎます。

問題は、やってしまったことではありません。**「手書きでも許されるだろう」と、た**

図3-2　○○株式会社エントリーシート

ふりがな	やまだ はなこ		性別
氏　名	山田花子		女
生年月日	1998 年　5 月　1 日（満 22 歳）		
ふりがな	とうきょうとしぶやくじんぐうまえ		
現 住 所	〒150-0001　電話（03）0000-XXXX 東京都渋谷区神宮前△-△-△		
携帯電話	XXX-XXX-XXXX	E-mail	△△△△@OO.CO.JP
ふりがな			
緊急時の連絡先	〒　-　電話（　）　- 同上		

「目立ちたいだけ」ならいいかもしれないが……。
捺し忘れも多いので気をつけよう。

かをくくっている意識の甘さです。入社試験の時点でその感覚ですから、取引先やクライアントにも、同じことを平気でやるでしょう。これは結構、怖いことです。

仕事の精神は、細部に表れます。人は細部で評価されます。小さな一部分をどれだけおろそかにしないか、すべてはこの一点にかかっているのです。

「誰にでもできる簡単な仕事」であればあるほど、どこまで細部に手を抜かないか、**いかに細部に心配りができるかで、仕上がりも評判も大きく変わります。**

能力ではなく、精神性を問われるのが「簡単な仕事の細部」だと覚えておきましょう。

「あえて効果」を知っておく

若手の強みはテクノロジーの優位性だと述べましたが、そこに特化して「自分の強み」とするのは考えものです。

確かに二〇代であれば、上司や先輩が知らないことを知っているし、最新のデバイスやSNSにも強いでしょう。しかし逆にいうと、それらは二〇代なら誰でも知っていることで圧倒的な優位性があるとは言えないのです。

仮に同期が三人いるとして、「新しいイベントの告知広告はどのSNSがいいだろう？　フェイスブックかな？」と上司に問われたとします。おそらく三人のうちふたりは、こう答えるでしょう。

「今どきフェイスブックを使っているのはオジさんだけですよ。今ならツイッターかインスタ、あるいはすでにSNS離れをしています」

SNS事情の説明ならこれは正解ですが、告知広告を成功させるかどうかという意味では正解ではありません。ユーザーの年齢層が高いフェイスブックを使って集客に成功している例はいくつもありますし、「掲示板・広報」としてのPV率が高いかもしれません。

「個人のSNSとして主流ではありませんが、あえてフェイスブックを使ってはどうでしょう？」と提案し、その根拠を述べることができる人が一目置かれる若手となります。

正解はインスタグラムかもしれないしツイッターかもしれませんが、肝心なのは**「若者が若者の常識」を旗印に勝負しても、若者が他にいたら埋もれてしまう**ということ。

若い人は若い人らしくないことをやり、歳をとったら年寄りらしからぬことをやる。昔ながらの逆張りの発想ですが一定の効果があり、僕はこれを**「あえて効果」**と呼んでいます。「あえてフェイスブック効果」「あえてシンプル効果」など、あえて効果はいろいろあります。

若手なら誰でも知っていることはちゃんと知っていて、さらに普通の若手が知らない年寄りのようなことまで知っている。高校生に人気のボカロPから吉本隆明のマルクス見解まで語れる――こんな二〇代、三〇代がいたら、業界の大物であっても「話を聞いてみたい」となるでしょう。

ビジネスの下流で仕事をする

新卒でも転職でも、二〇代から三〇代の若手ビジネスパーソンは、〝ビジネスの上流〟の仕事をやりたがります。

①ビジネスの上流
企画立案や商品開発など。顧客のニーズを調査するマーケティングも上流。

②ビジネスの中流
必要な資金を調達し、上流から流れてきたアイデアをもとに商品生産や具体的なサービスの構築をするなど。

③ビジネスの下流
物流管理によって消費者なり取引先に製品をデリバーし、最終的には利益を回収する。

以上が基本的なビジネスの流れですが、①の企画立案や商品開発には、③で回収した利益、つまりお金が必要です。わかりやすく上流から下流としましたが、ビジネスは一方通行でなく、循環しています。

本当に優秀な人は、この循環を理解している人。

理解するには、何も知らない仕込みの時期に、下流の仕事をするのが近道です。

薬剤の研究開発など一部例外はありますが、基本的に上流ではお金はあまりかからず、中流、下流になったとき、たくさんの人とお金がかかわってきます。つまり**ビジネスの本番は、中流以下にある**のです。

「若い感性を活かして商品開発をしたい」という時点で、「よくいる若手」となり、希少性がありません。あらゆるアイデアは基本的に情報と情報の組み合わせです。僕は「実は年齢を重ねたほうが企画はうまくいくのではないか」と感じることもあります。

前述した「あえて効果」に似ていますが、ビジネスの下流の部署も仕込みには最適です。製品管理や物流など、希望と違う地味な配属は逆にチャンスです。面接のときに**「ビジネスで一番大事なのは、お客さまに届けることと回収だと思っています」**とコメントしたら、新卒でも転職でも他の志望者とは別格の存在になれるでしょう。

判断力より洞察力を磨く

「自主性が大切だ、何事も自分の意思で決めたほうがいい」

これはおそらく常識ですが、入社してから三年は、ぽかっと忘れてしまいましょう。

判断力や決断力をテーマにしたビジネス書は多くありますし、熱心に勉強している人もたくさんいると思いますが、**ぶっちゃけ新人に判断なんて不要**です。決めるのは上司や先輩、仕込みの期間は言われたことをロバのごとく一生懸命にやる。それでいいのです。

上司や先輩が決めたことを、確実にやり遂げる。この際に大切なのは、**相手が何を欲しているかを確実に理解するための「洞察力」**です。

A君は、某社の顧客管理部門の新入社員でした。彼に任されたのは、フォーマットにそって顧客情報を入力していく仕事。誰でもできる単純作業です。

ところがA君は、勝手にフォーマットそのものを改竄《かいざん》してしまいました。入力項目を少なくし、順番も変更したのです。入力データを見た上司は唖然。他のファイルと同期できなくなっているばかりか、長年にわたって試行錯誤を続け、ようやくつくり上げた様式がめちゃくちゃになっていたからです。

変えた理由を尋ねると、A君はひと言。

「僕がやるんですから、自分の判断でやりやすいように変えました」

これまでやっていない人の新しい目で見れば、フォーマットの不備や改善点が見つかることはよくある話です。しかし、その判断が絶対とは限りません。改善どころか改悪というケースもままあります。

「ここは変えたほうがいい」と思ったとき、彼はなぜ上司に相談しなかったのでしょうか。作業をするのはA君であっても、顧客情報は会社のもの。新人の判断で、どう処理するかを決められるようなことではありません。

また別のとき、A君は何百人もの顧客に、お知らせメールを出しました。

「文書をつくったら、まず上司に見せてチェックを受けてから送信するように」と言われていたにもかかわらず、「自分で何度も読み直しました」という理由で、**いきなり一斉送信のボタンをクリック**してしまったのです。

案の定、内容には間違いがあり、必要な情報もごっそり抜けていました。顧客からクレームの電話が入り、部署中がてんやわんやとなりましたが、A君はきょとんとしているだけでした。

結局、彼が正解だと思ったことは単なる思い込みに過ぎませんでした。さらに、仮説を検証する態度が欠けていたから被害が大きくなってしまったのでしょう。

勝手に判断せず、**「上司は何を目的に、自分にこの仕事を命じているのか」「今、先輩は何を欲しているのか」**という洞察力を磨くことです。そうすれば、仕事の精度は自然に上がっていきます。

面倒に思えるかもしれませんが、やがて、自分自身で判断しなければならなくなったとき、正しい選択をする勉強にもなるのです。

どうしても「こうに違いない」と判断したくなったときは、**自分の仮説を検証する習慣**を持ちましょう。自分の判断力などたかが知れている、間違っていることのほうが多いと疑ってかかるくらいでちょうどいいと思います。

ベテラン社員になったとしても、自分の仮説を疑う余地を残しておかなければ、成長は止まってしまいます。**「共感のコレクションを始めたら、成長はもう終わり」**なのです。

できる人は無茶な要求をするし、やりたくないこともやらされます。しかし、自分と同じようなことを考え、厳しいことを言わない人となれ合いで働いていたら、成長できません。

洞察力を磨くには、まず、**観察力を鍛える**ことです。カンが悪いと自分で思っていても、まわりをよく見て、話をよく聞いていれば、だんだんと洞察力が身につきます。

かつて僕がクライアントから相談を受けていたときのこと。「自社ウェブサイトを、もっと魅力あるものにするには、どうすればいいのか」という話だったので、その場でネットにつなげてサイトを見るために、横にいた社員に「ケーブル」を持ってくるよう頼みました（LANケーブルがまだ使われていた時代の話です）。すると彼は、別室から小さな「テーブル」を持ってきたのです！

これは、心なごむ笑い話でもだじゃれでもありません。事実、クライアントはあきれていました。

テーブルとケーブルは、音だけとれば聞き違えるかもしれません。しかし、打ち合わせに同席していたのですから、文脈から「パソコンをネットにつないでウェブサイトを見る→無線LANのない部屋→ケーブルが必要」と、何も言われなくても即座にわからなければ、社会人失格です。

仕事の本質は雑用に宿る

ふたつのグラスに、あふれんばかりに注がれた、冷たいお茶。

お盆からテーブルに出すときにこぼれなかったのが、奇跡というもの。

こぼさずに飲もうとすれば、テーブルに置いたままのグラスに唇を近づけて、お酒を飲むようにすすらなければなりません。

恥ずかしながらこれも、わが社でのエピソード。

「何これ？　なんでこんなに、なみなみ入ってるの？」

僕が尋ねると、お茶を出した新入社員は**「ちょうどペットボトルが空になりそうだったので、全部入れてしまいました」**と言います。

めちゃくちゃ自己中心的な「お茶くみ」です。

自分の視点でお茶は用意され、それを飲む人への配慮はまったくありません。社内での打ち合わせだったし、来客にはそんなことはしませんと新入社員は言いましたが、一事が万事です。

社会に出て働くとは、「お客さま」から「サービスする側」に立場をスイッチすることです。

どんな業界でも職種でも、「人に喜んでもらい、お金をもらうために、自分の能力を役立てる」というのが仕事の本質です。それは、重要なプロジェクトでも雑用でも同じこと。

「仕事の本質は雑用に宿る」と肝に銘じておきましょう。

新人であれば雑用が主たる仕事なのですから、いかなるときも手抜きはNG。「あふれんばかりのサービス」は、別の形でしたいものです。

図3-3

※「やらせ」ではありません。実際の写真です！

ヒマを「サロン化」して賢くなる

僕の友人で、某有名靴メーカーに靴デザイナーとして採用された人がいます。

友人いわく、その会社では入社後の研修として三カ月間、デザイナーも店舗に配属されるそうです。しかし二、三万円の靴が主流ですから、ファストファッションのお店のようにお客さんが来るわけではありません。

忙しいとき人は不平を言いますが、やることがないというのも苦痛です。明らかにヒマそうな顔をしていた友人に、先輩はこう言ったそうです。

「新人は、ヒマに耐えるのも仕事のうちだよ。君はデザイナーだろう。**ヒマなうちに、この店舗に並べる靴についてとことん考えてごらん。**この並び方で目立つ靴、映える靴はどんなものか。多くのお客さまが、入店してまず見栄えがいいこの靴を手に取るけど、履いてみて最終的に買うのはこっちの靴なら、その違いを徹底的に研究するといい。それがあとあと、必ず役に立つはずだよ」

実際にデザイナーとして働き始めたら、さまざまなニーズを持つ顧客の人間観察をする時間などなくなります。あえてチャンスをつくり、店に足を運ばなければ、だんだん現場とつくり手である自分の意識が乖離《かいり》していくようになります。

今や第一線のデザイナーとなった友人は、「あのときの先輩の言葉には感謝しているんだ」と話してくれました。

新人のうちは頼まれ事と頼まれ事の合間に、**エアポケットのようにぽかっと空く時間**があるのも、よくあること。これを有効活用しない手はありません。

雑用などを進んで買って出る、人の仕事をじっくりと観察し、いずれ賢くなるための勉強をするといった具合に、ヒマを有効活用しましょう。

業務全体にゆとりがあるなら、自分で**勉強会やサロンを主催**するのもお勧めです。異業種交流会に参加しても手持ち無沙汰で終わりますが、自分が主催すれば簡単に参加者とつながりが持てます。

また、たとえば「金融をもう少し勉強したい」というとき、ひとりだと挫折しますが、サロンにしてみんなで講師を呼ぶなどすれば、しっかりと学ぶこともできます。

二〇代に友だちはいらない

仕込みの時期の二〇代、勉強会やサロンを開くのはネットワークづくりや自分の経験としては意味がありますが、これを友だちづくりと混同してはなりません。

僕自身、二〇代を振り返って一番よかったのは「友だちと遊ばなかったこと」です。固定電話しかなかった時代、仕込みの時期と割り切って朝から夜まで働いていたので、連絡が取れずに遊べなかったというのもあります。しかし、もしもSNSがあったとしても、僕はやらなかったでしょう。

今でもフェイスブックでつながっているのはすべて取引先ですし、それ以外は数を絞ったLINE。アドレス帳に登録した電話番号は常に三〇人以内になるよう、ときどき整理しています。顧客はメルマガのリストで十分です。

プライベートはごく限られた人と深くつき合い、なんとなくの友だちはいらない。それが僕のポリシーです。

特に二〇代前半から始まる仕込みの時期に、友だちはいりません。遊ぶ暇があったら仕事をして勉強する、それが自分という資産を高め、人生の年収を高くする方法です。

「遊びがないと発想がしぼむし、幅が出ない」と言われますし、それは真実ですが、二〇代から三〇代前半までは、「大学時代に遊び倒した貯金」が残っています。

カリキュラムが過密なアメリカの大学に通っていた人は別として、時間にゆとりがある日本の大学で四年間まったく遊んでいない学生はいないでしょう。

社会人デビューでいきなり弾けるのは、モテないオジさんがお金を持ってキャバクラに行くくらい、格好悪いことだと感じます。ちゃんと大学時代に遊んでいたら、若いうちは遊ばなくていい。四〇歳頃になって、その「遊び貯金」がなくなってきたとき、もう一度、今度は少しお金をかけて遊ぶといいのではないでしょうか。

「友だちはいらない」といっても、一切の人づき合いを遮断して働けという意味ではありません。漠然と「友だち」と呼んでいるものを、整理しようということです。

その意味で、**二〇代がつき合うべきは「仲間」**です。

仲間とは、タッグを組んだら面白い仕事ができる人。強みやスキルを持っていて、それは自分と異なるものであることが大切です。つまり、**気の合う相手とは違います。**

会社の人の一部も仲間になりうるものの、ごく一部でしょう。

仲間はやがて「取引先リスト」という資産になります。

このほかに、師匠、顧客、家族、パートナー、友だちがいて、人間関係となります。友だちは損得抜きにつき合う、連絡を取らなくても関係性が切れない相手なので二、三人いれば十分です。

つまり単なる同じ会社の人、同じ大学でよく遊んでいた同級生、ゼミやサークルが一緒だった人、SNSでいいねをくれる人——これらは、あなたの人生に必要がない人たち。なんとなく遊ぶ友だちには、こうした人が多く混じっているものです。

友だちとは今の自分の実力や価値観に合った人の集まりなので、成長するにつれて、合わなくなった人とは縁が切れていくのが自然です。

仲間かどうか判断するには、第一に、自分が信頼している人を紹介できるか、自分のクライアントを紹介できるかと考えるといいでしょう。「うーんちょっとそれは……」とためらうなら、その相手は仲間でも友だちでもありません。

第二に、「この件はこの人にお願いしたい」というのが明確な人こそ仲間になり得ます。トラブルの仲介、事業の立ち上げ、華々しい宣伝、地道で確実な仕事など、強みを持っている仲間とつながりましょう。この場合、**好き嫌いは排除することも大切**です。好き嫌いで選ぶと、どこか自分と似たなんとなくの友だちしかできません。

タイプが違う相手とつき合うのはストレスですし、最初は火花が散るかもしれませんが、そこを我慢してつき合うことに意味があります。現金なもので、一緒に本気のプロジェクトに取り組んで成功すると、馬が合わない相手とも絆ができて仲間になれるものです。

仲間をつくる最良の方法は、自分自身が「仲間になりたい」と思われる力を蓄えること。「この件はこの人にお願いしたい」と思ってもらえるよう、仕込みをしましょう。

次に良い方法は、**師匠の仲間の弟子を紹介してもらう**こと。

師匠がタッグを組んでいる優秀な人にも必ず弟子がいます。師匠と師匠がつながっているなら、弟子は弟子とつながる。そこで新たな仲間ができます。

二〇代で「収入に依存しないシステム」をつくる

二〇代の年収は、二二歳で就職したとして、わずか八年間のもの。仮に他の人より年収が二〇〇万円多くても、八年間ならトータル一六〇〇万円。しかし三〇歳から六五歳までは三五年。この時期に毎年二〇〇万円プラスされれば、トータル七〇〇〇万円違います。

二〇代で高い給料にこだわってその後の三〇年は下降していくより、**二〇代はお金を一切気にしない覚悟で働き、三〇代から高い年収となるように投資**したほうが、メリットははるかに大きいと思うのです。

編集プロダクションでライターをやっていた二五歳頃の僕のように年収二〇〇万円以下だったとしても、着実に力を蓄えていけば、のちのち年収は自然についてきます。

あとで絶対に取り返せるとわかっているのに、今、目の前のお金にこだわって大切な勉強をおろそかにしては損をします。

「会社の業績が悪い、早く転職したほうがいい」と逃げ出す人も、長い目で見ると失敗パターンとなります。どんな会社も、いつも業績がいいわけではありません。

僕がアマゾンに入った直後にITバブルが崩壊し、一〇〇ドル以上あった株価が六ドルに下落しました。そのとき辞めた人もたくさんいましたが、踏みとどまった人は会社に信頼されました。僕が辞めるときには五六ドルまで株価は回復、二〇二〇年には二〇〇〇ドルを超え、世界トップクラスの企業に成長し、社員の年収も上がりました。

前述した通り、仮に会社が倒産してもよい勉強になるし、転職のときのアピールポイントにすらなります。

誤解しないでほしいのは、**「目先の年収にとらわれるな」とは、「お金のことを考えるな」という意味ではない**点です。お金に背を向けると、やがてお金と向き合わざるを得なくなります。

生涯のマネー・リテラシーを高めるために二〇代から始めたいことはふたつあります。

①勝負資金をつくる

これは単純に貯金です。転職したいので数カ月休む、退職してから転職するまでの間、一年間旅に出るなど、思い切ったことがしたいときもあるでしょう。新しいことを始めようという際に、勝負資金があると思い切って挑戦できます。

僕はセガに就職した新卒一年目、まったく遊ばなかったので一五〇万円たまりました。

②収入に依存しない暮らし方を身につける

これは貯金よりはるかに大切ですが、結果として貯金もできます。「貯金をしろ」というと、バイト的な副業をする人がいますが、**時間は何よりも大切なものなので、安売りするのはやめておきましょう。**

たとえば年収が三〇〇万円だとして、年収三〇〇万円を基準にした暮らしをすると、お金の奴隷になります。三〇〇万円ないと暮らせなくなってしまうからです。

無論「生活費がない、来月の水道代すら払えない」と怯《おび》える人もお金の奴隷ですが、たとえ年収一億円であっても、「一億がなければ家賃が払えない、旅はファーストクラスでしか行けない」という状態では、やはりお金の奴隷なのです。

どんな金額でも生活できるようにしておく。これが収入に依存しない暮らし方を身につけるということ。**年収二〇〇万円でも二億円でも、自分らしく暮らせる。これは人生**

の選択肢を増やす方法です。「この会社に転職したら数年は年収が下がるけれど、チャレンジしたい」というとき、思い切ってジャンプできます。勝負資金があり、収入に依存しない暮らし方を身につけていれば、なんでもできるし、どこでも暮らせます。

収入に依存しない暮らし方をするためには、**固定費を削る**こと。僕はバイヤーなので、許容範囲なら安いものを買う習慣が身についていますが、それで削れるところはわずか。やはり固定費として大きいのは家賃でしょう。

僕は起業してからは新宿の夜景が見える二〇〇平米のメゾネットに住んでいたこともありますが、月一〇万円のマンションでも平気です。僕と同世代・同年収の人なら月五〇万から一〇〇万円の物件に住んでいると思いますが、安い部屋でも高い部屋でもそれぞれに楽しめます。ゴージャスな住まいは快適ですし、そうでない住まいもそう悪くありません。また、固定費を削った分で投資をしたりと、やりたいことが多くできます。

ちなみに二〇代から三〇代は、人生のパートナーを選ぶ時期。お金の価値観が一致している相手でなければ、収入に依存しない暮らし方を身につけることはできません。

友だちはいらないものの、**パートナーを選ぶための交際は必要**です。デート代、メイク代など、〝必要経費〟に困らないくらいのお金のゆとりを持つようにしましょう。

イノベーションは「背伸び」に過ぎない

ビル・ゲイツはマイクロソフトを創業し、情報産業で巨万の富を手にしました。

マイクロソフトがテクノロジーの最先端を走っているかといえば違います。**ビル・ゲイツはウィンドウズを標準化することで儲けました。**決して、イノベーションだけで稼いでいるわけではないのです。

ビル・ゲイツとウォーレン・バフェットの対談ＤＶＤを見ましたが、その中でバフェットは、イノベーションについて興味深いことを語っています。

パレードを見ているとき人がいっぱいだと、あなたはよく見えるように、背伸びをする。背伸びをした分パレードはよく見えるが、それも一瞬のこと。やがてみんなが同じように背伸びを始め、高さは同じになってしまう。そうするうちにつま先がだんだん疲れて、足がぶるぶる震え出す。結局、かかとを降ろして、元の高さに戻ってしまう。

バフェットはイノベーションを背伸びにたとえました。すぐに追いつかれてみんな同じになってしまう、長期的には意味がないものだと。世界一と言われる投資家ならではの発言です。

バフェットが投資しているのは、新しいものでなく不変のもの。保険会社やコカ・コーラなど、人間の根源的な欲求にかかわりのある会社です。

仕事を始めて間もない頃は、イノベーションに憧れます。最先端の飛び道具が、ドラマチックで素晴らしいものに思えます。

もし、一、二年で終わる短期的な仕事人生なら、それもいいでしょう。あるいは、ひと握りの天才に混じって、抜きつ抜かれつのデッドヒートを繰り広げる自信があるなら、それも面白いと思います。

しかし、培ってきたもの、教育されてきたものの集大成である「自分自身」を投資する先が、イノベーションのみというのはあまりにリスキーです。

オーソドックスなこと、不変のものをじっくりと学ぶ。知人に、IT業界で尊敬されるエンジニアがいますが、彼は政治、経済、哲学をよく勉強しています。少なくとも六〇歳まで働きたい人、やがて大きなリターンをとりたい人には、こちらの方法がお勧めです。

『新版 お金持ちになれる黄金の羽根の拾い方』
（橘 玲、幻冬舎文庫）

人気作家・橘玲氏によるベストセラー。成功するためには、成功の方程式を知っておくこと。お金に関しては、本書で提示されている「（収入－費用）×運用」の方程式を知っているだけで、将来の資産額に大きく差がつく。不動産（持ち家）を購入すると、資産運用が大きく制限される、保険はリストラすべし、マイクロ法人を活用して節税せよなどのアドバイスは、今も有効だ。

『相場師一代』（是川銀蔵、小学館文庫）

成功するには､人の逆を行くこと。危機に乗じること。「人が気づかぬところにいかに目を配り、人が気づく前にどれだけ早く行動しているか。買って、売って、休む。これが商売で成功する三筋道なのだ」。1983 年の高額納税者番付で第一位。「最後の相場師」是川銀蔵氏による唯一の自伝。関東大震災のトタン板買占め、同和鉱業株を巡る大勝負など、勝負の勘所を学ぶにはピッタリ。

COMMENT

読書で「成功のルール」を学ぼうと思うなら、「その他大勢」とは違う思考・行動で成功した人物の本を読むべき。そこに書いてあることが一見受け入れがたくとも、まずはいったん飲み込んでみることが重要です。毀誉褒貶《きよほうへん》激しかったスティーブ・ジョブズは、なぜ２度成功することができたのか。若くして経済的自立を実現したグラント・サバティエは、何をどう実行したのか。稲盛和夫はビジネスの数字をどうとらえているのか。「最後の相場師」是川銀蔵は、どう投資して財を成したのか。ディテール（詳細）を知ることで、自分のケースに当てはめて応用しやすくなるでしょう。お金に関しては、橘玲さんの『お金持ちになれる黄金の羽根の拾い方』が、「（収入ー費用）×運用」という、お金持ちになるための方程式を紹介しており、読んでおきたいところ。

成功のルールを知るためのブックガイド

『スティーブ・ジョブズ I、II』

（ウォルター・アイザックソン、講談社）

アップル創業者、スティーブ・ジョブズの評伝。ジョブズにカリスマ性を教えたロバート・フリードランドの教え、マーケティングを教えたマイク・マークラの話が参考になります。「かつてジョブズは父親から、優れた工芸品は見えないところもすべて美しく仕上がっているものだと教えられた」そうですが、見えない陰の部分を大切にすることで創造エネルギーが湧いてくるのでしょう。

『FIRE　最速で経済的自立を実現する方法』

（グラント・サバティエ、朝日新聞出版）

手持ち資金 2.26 ドルからわずか 5 年で 125 万ドルを稼ぎ出し、経済的自立を獲得したというミレニアル世代に人気の著者による話題書。一刻も早く経済的自立を達成するための新常識は、収入の半分以上を貯金する破壊的貯蓄と複業・リモートワーク、そして住居費、交通費、旅費、食費をハックすること。若くしてお金持ちになりたい人は必読。

『稲盛和夫の実学―経営と会計』

（稲盛和夫、日経ビジネス人文庫）

「会計がわからんで経営ができるか」。数字は苦手だから後回しにしたい、と思う人にぜひ読んでほしい、京セラ創業者・稲盛和夫氏の最高傑作。読めば会計数字の意味が現場レベルでリアルにわかるようになる。「中古品で我慢する」「固定費の増加を警戒する」「投機は行わない」などの教えは、個人が健全経営をする上でも役立つ。

第4章

二〇代後半〜三〇代：自分のナンバーワンをつくる

シンデレラは、
本当に
純粋な女の子？

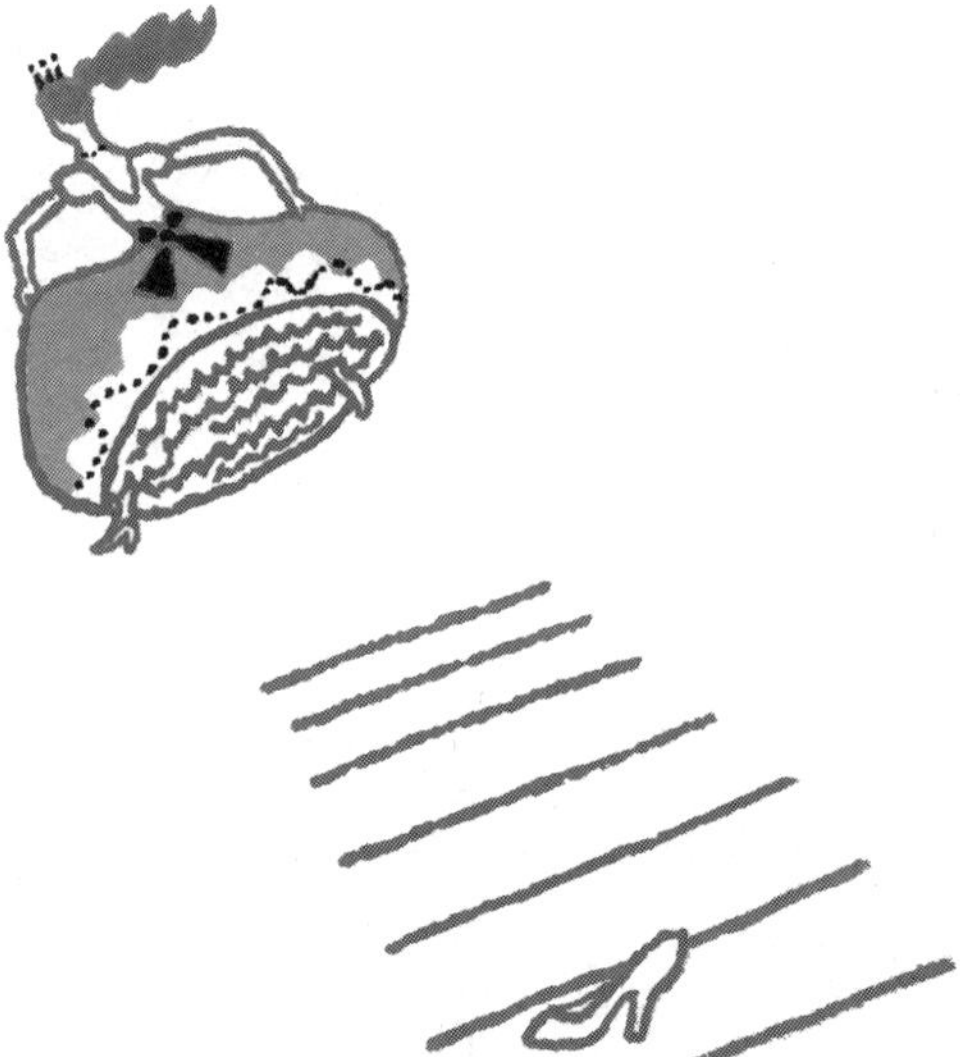

A 純粋さより、「純粋さを演出できる」戦略が勝つ。

シンデレラが本当に純粋な女の子だったら、
「お城のパーティに行ってみたい」なんて、
身のほど知らずなことを思わない。
純粋じゃなくて賢い女の子だから、シンデレラは知っていたのだ。
今のまま、地道に掃除や洗濯をしていても幸せにはなれないと。
お城に出かけて、自らつかみ取らなければ、チャンスは巡ってこないと。

シンデレラが本当に純粋な女の子だったら、
ガラスの靴を片方、落としていったりはしない。
そもそも論として、片方が裸足なのに「ま、いいか」と歩いていたら、
純粋じゃなくて、むちゃくちゃアバウトな女の子である。

純粋じゃなくて賢い女の子だから、シンデレラは知っていたのだ。
ガラスの靴は王子の関心を引っ張る、よい小道具だと。
足が小さくて華奢であるという、
自分の個性をアピールできると。

成功する人は皆、人生で勝利するための戦略を持っている。
時として純粋さを演出できるくらい、パワフルな戦略を。

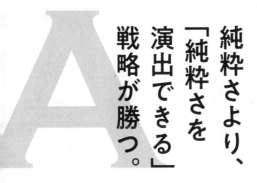

自由な人生のための交渉力を手に入れる

二〇代半ばを過ぎたら、仕込みも後半戦に入ります。

二〇代半ばではまだ、「一生食べていける四つの条件（成長が早い／取引先リスト＋顧客リストを持っている／希少な経験をしている／固有名詞を持っている）」は完全制覇できていないと思います。

しかし、自我を抑えて成功者のマインドにチューニングすることで、ビジネスの基礎はしっかりマスターできたはずです。

「いや、まだまだビジネスの基礎を学びたい。しばらくは今まで通りの仕込みを続けたい」と思っていても、いったん仕切り直しをしましょう。

なぜなら多くの人は三年くらい働くと、いろいろな意味で慣れてしまうからです。**会社に慣れ、仕事に慣れ、忙しさに慣れます。**すると、今までの延長線上で働くことになります。**これでは成長はありません。**

また、二〇代初めの、「自分は時間と素直さと若い体力を提供し、会社には資源と師匠を提供してもらう」という働き方は、物々交換です。あなたが交換の際に使っていた「若さ」というコインは、三年くらいでなくなります。

仮にあなたが延々と基礎だけ学び続け、いくつになっても雑用を快くやっていたら、生涯使える「自分の資産」は築けません。会社側としてもそろそろ自発的に働いてもらいたいのです。

三〇歳になっても四〇歳になっても「遠慮なく何でも頼んでください！」と申し出る社員がいたら、「骨惜しみせず働く性格がいい人」というより、「ちょっと残念な人」として扱われます。年齢なりの給料を払わなければならないのに、いつまでたっても入社したての働きしかしなかったら、「いるだけで赤字の社員」と見なされます。

何よりも**三〇代に入れば、勝負の時**がやってきます。まだ若手とはいえ、経験と社会的責任もできて、大きな試合に出してもらえるのが三〇代。

もしも「今の会社では勝負できない」と思ったら、二〇代後半から三〇代のうちに転職すべきです。

会社の中と外、あるいは別の会社でやりたい仕事をやるための交渉力も身につけねばなりません。**交渉力がつけばつくほど、人生の自由度が高くなります。**

交渉力＝自分という資産＋取引先リスト＋顧客リスト

交渉力は、自分という資産がどれだけ蓄積されているかで決まります。自分の資産は、言葉を変えれば自分の強みです。

こう言うと、すでに二〇代半ばを過ぎた人は、反論したくなるかもしれません。「今さら自分らしさや自分の強みの検証なんて。就活のときにさんざんやったし」

しかし、働いた経験を持った上で「強み」を考えることに意味があります。そして、自分らしさや強みを見つけるためのポイントは四つ。

①人生をかける「大義」は何か
②これまで何に時間とお金を使ってきたか
③納得できないことは何か
④プライベートでどんなことをしているか

この章ではこの四つを押さえながら、交渉力を高める戦略をお伝えしていきます。

さらに、すでに述べた通り、「取引先リスト＋顧客リスト」は、一生あなたを守ってくれるものであり、生涯にわたって増やし続けていくものです。

二〇代半ばの段階では、リストは増え始めたところだと思います。

師匠、そして師匠を通じて仲間になった「師匠の仲間の弟子」。小さなプロジェクトであっても一緒に取り組んだことで、仲間が増えている可能性はあります。地味な仕事でも、素直に懸命に動いた結果、顧客がついた人もいるでしょう。

仕込みの後半戦は、このふたつのリストを元手に増やしていきましょう。

「このタイプのプロジェクトを担当するなら、〇〇社のAさん、フリープログラマーのBさんに声をかけて、ユニットがつくれます」

たとえば、こう言えれば、プロジェクトごとに集結するユニットを個人で持っているようなもの。

会社の中でやりたいことをするにも、新たなチャンスを求めて転職するにも、起業するにも、交渉力は自ずと高まるはずです。

人生をかけていい「大義」は何か

「人生をかける価値のないことに、人は頑張れない」

僕はそう信じています。いきなりビジネスから話が逸《そ》れるようですが、ビジネスにおいても同じです。

人生をかける価値があること――それを人によっては「大義」と呼びます。「企業理念」や「ミッション」という言葉で表現している会社もあります。

人生をかける価値があることは大きなことで、大きなことというのは、「数億円のディールを取りまとめる」とか「アフリカにダムを建設する」といった金額や物理的な大きさを示すわけではありません。

大きなこととは、自分より大切なもののこと。**自分よりも大切なもののために頑張るとき、人間は一番の力を発揮する**ことができます。

穏やかな人にとって、人生をかける価値があることは愛です。愛する家族のために人生をかけて頑張るというのもあるでしょう。素晴らしい生き方だと思います。

もっと野心的で能力も高い人にとっては革命です。社会の一人ひとりを大切な存在と考え、彼らのために人生をかけて何かを変えよう、より良い社会になるよう革命を起こそうというとき、一番頑張ることができます。

そしてビジネスとは、「顧客（自分以外の人）のために、何かを変えよう（新しいサービス、より良い製品、画期的なテクノロジーを提供する）」という営みです。

作家・太宰治をモデルにした蜷川実花監督の映画『人間失格』で、「人間は恋と革命のために生まれてきた」という太宰の言葉が使われていましたが、愛（恋）も革命も大きなビジネスも、すべて自己愛を超えたところにあります。

ビジネスの基礎を学びながら働いている頃は、「自分が成長するため、稼ぐため」というのが働く理由でも構いません。しかし仕込みも後半になり、本格的な働き方をする時期になったら、**自己愛を超えたところに意識がいかないと、決して本物のビジネスはできない。**自分という資産もその先の人生が自由になるほど豊かになりません。

サステナビリティを意識した会社が評価され、実績も伸ばしているのは、自分を超えてビジネスをする高い視点があるからに他ならないのです。

自分が「お金と時間を使ってきたもの」を書き出す

人生を通して追究したいことを知ることも大切です。

僕の場合、「人間を極める」ことです。人というものを知りたい、「人間の欲望」を知りたいと思い続けています。

もう少し具体的に言えば、「人は何を買うか」に非常に興味があります。マーケティング、販売、本づくりのアドバイス。こうした仕事を通して、「人間の欲望を極めた」と実感しながら死ねたら、最高です。

人はお金を稼ぐために、限りある貴重な資産、「時間」を手放します。時にはプライドまで。そうして得たお金で何かを買うことは、お金より大事なものを手に入れる行為です。この取引にうずまく欲望こそ、人間くさく、いとおしい部分ではないでしょうか。

「何にお金と時間を使ってきたか」は、自分を客観的に知るよい手がかりとなります。金額にすると一〇〇〇万円が目安です。

あなたのこれまでの人生で、一〇〇〇万円費やしたものは何かを考えてみましょう。

僕の場合は本。働き始めてからも相当使いましたが、学生時代は月々の仕送りの中から五万円は本代にあてていました。もっとさかのぼれば小学生の頃は、父が集めた本や、近所の廃業した保育園からもらった蔵書など、「ひと部屋まるごと書庫」という部屋に入り浸って過ごしていました。これも本代に換算したら相当なものでしょう。

人からもらったものも含めてカウントしたり、「一万円のものを一〇〇〇個」と考えれば、あっという間にみんな、何かしらに一〇〇〇万円くらい使っていると気がつくはずです。そのうち、突出してお金をかけているものが、あなたという人を形づくっています。

『天才！　成功する人々の法則』（講談社）という本の中で、マルコム・グラッドウェルも述べていますが、**何かに一万時間費やせば、人はそれで食べていけます。**僕は『「伝説の社員」になれ！』（草思社文庫）で「どんなことでも九年続ければ成功する」と書きましたが、これも一日三時間、毎日続けたとすると九八六一時間となり、同じくらいです。

仕事に関するものはもちろんのこと、スポーツでも勉強でも趣味でも、食べるものでも、実際に一度書き出してみると、自分を客観的に知る有効な手がかりとなります。

「納得しない力」はその人の才能

他の人が気づかないようなことに気づく。これが才能というものです。

接客の天才は、他の人は気づかない顧客のニーズに気づきます。みんなは見過ごす、顧客が本当に「してほしいこと」が、その人には読み取れるのです。ニーズを汲み取ってサービスを提供するから、「この人から買いたい」と言われる人になります。

気づくとは、気になってたまらないことでもあります。あるべき姿になっていないと、どうにも納得できないのです。

機会があって、ソニー・ミュージックエンタテインメントの国内最高級スタジオを見学したときのこと。圧倒される素晴らしい施設で、総施工費数十億円とも。ミキサーだけで一億円という話でした。「技術の進歩で、そこまで費用をかけなくてもクオリティの高い音楽はつくれる」という意見もあるでしょう。普通のスタジオでつくった音源と、最高級のスタジオでつくった音源の違いは、僕のような平凡な耳には感じ取れないかもしれません。わかったところで「大した差はない」と感じる可能性もあります。

しかし、音楽が本当に好きで、音楽の才能がある人は、音の違いにはっきり気がつきます。気づくからには、最高の音で作品づくりをしないと、納得できないのです。「音が多少悪くても、まあ、いいんじゃない」というゆるい感覚では、いい楽曲になるはずもありません。納得できない力が、一流の音楽をつくり、だからたくさんの人を感動させるのだと、僕は美しいスタジオで感じ入りました。

あなたにも、納得できないことが何かしらあるでしょう。**気になってたまらないこと。許せないこと。こだわってしまうこと。**それがあなたの才能です。

僕の場合は、人は気がつかないような「強みと弱み」に気づくことが、自分の才能だと思っています。たとえば、「この本の強みはここで、弱みはここ」というのがすぐにわかるのです。

アマゾンでバイヤーをやっていた頃、強みのアピールがイマイチで売れていない本があると、どうにも納得できずに販売戦略を変え、意外なヒットを生んだりしました。今は、著者の強みを見つけ、ブランド支援やプロデュースを行っています。

自分が納得できないことは何か、どんなに小さなことでも書き出してみましょう。

「得意分野」はプライベートからしか生まれない

仮に、あなたが営業部に配属されて三年だとすれば、それなりに営業スキルはついているはずです。しかし、あなたが営業部員である以上、営業はできて当たり前。**人と差がつくのは、できることではなく、プラスαの部分**です。それがあなたの「得意分野」となります。単純にいえば「営業ができる営業部員」ではなく「英語ぺらぺらの営業部員」「ゴルフがめちゃくちゃうまい営業部員」といったことです。

ここで多くの人がおかす過ちは、「そうか、じゃあ英語を勉強しよう、ゴルフのレッスンに通おう」というもの。悪いとまではいいませんが、かなり甘い考えです。たかだか一年か二年、仕事の片手間に、「お客さん」として習い事をしただけで得意分野にしようというのは、無邪気を通り越して図々しい話です。そうした勉強は無駄ではないにしろ、効果が現れるのはずっと先の話でしょう。

二五歳で見つけるべき「プラスα」は、すでにプライベートを費やしていることです。

プライベートからしか、二〇代で花咲く「得意分野」は生まれません。

たとえば飲み会の仕切りが抜群にうまい。これもあなたのプラスαであり、得意分野となります。会社の飲み会でも、店選びには妥協しないでこだわり抜く。そこからイベントプロデュース、店舗アドバイスというプラスαが生まれ得るのです。

わが社のセミナーの際、特注弁当を調達してきた社員がいました。ピンクの包みに、桜えびごはん。弁当ランキング・ナンバーワンの会社のもので、「お花見の季節なので、桜をイメージしたお弁当です。特別につくってもらいました」という説明に、参加者も大喜びでした。いつも頼む仕出し弁当との違いはごく小さいものの、そこには美食家の社員のプライベートから生まれた「プラスα」が光っていました。こんな小さなところから、企画力、提案力が伸びていくのです。

プラスαは「人」についても言えます。**あなたが普段仲良くしている人、それがあなたの得意なお客さまになる**ということです。いわゆるお金持ちとのつき合いが多い人は、高級品の販売で力を発揮するかもしれない。ヤンキーっぽい人と仲がいい人は、一代で財を成したギラギラ系の社長に高額商品を売るのがうまいかもしれません。

新しい習い事や資格取得を考える前に、**プライベートを再発見**しましょう。

たったひとつの「湿ったスノーボール」をつくる

保険は不安から生まれたビジネスだと言われますが、不安な人ほどいろいろ、たくさんかけるのは、生命保険に限った話ではありません。

資格マニア、勉強マニアの中には、「自分の強み」という点で、不安を抱えている人が多い気がします。すなわち、「英語を勉強しているけれど、それだけじゃ心配だから中国語もやっておこう」という具合に、保険をかけているのです。

しかし、英語も中国語も、モノにするには相当な時間とエネルギーが必要なものです。両方やろうとしたら、パワーが分散して、どちらも中途半端で終わってしまいます。ふたつならず三つ、四つとあれこれ手を出したら、すべて徒労となるでしょう。

そんなことをするくらいなら、**たったひとつの自分の強みを見つけ、そこに全精力を注ぐ**。そのほうが、突き抜ける可能性は高まり、リスクヘッジになると僕は思うのです。

たったひとつの自分の強みは、ありふれていないものがいいでしょう。

僕の場合、ちょっと特殊なたったひとつの強みとは、ビジネス書でした。英語に不自由はありませんが、僕程度に英語ができる人間など、ごろごろいます。しかし**三〇代で一万冊以上のビジネス書を読んでいるという人間**は、そうはいません。だからそこだけが突出するようにエネルギーを集中させたと言えます。

いくらありふれていないといっても、**成果に結びつかない強みでは意味がありません。**アリス・シュローダーが書いたウォーレン・バフェットの評伝『スノーボール〔改訂新版〕』（上中下巻・日経ビジネス人文庫）には、バフェットの名言が紹介されています。

"Life is like a snowball."（人生はスノーボールのようなものだ）

このスノーボールこそ、たったひとつの自分の強みということでしょう。しかしこの言葉には続きがあります。

"The important thing is finding wet snow and a really long hill."（大切なのは湿った雪を見つけて、長い坂を転がすことだ）

さらさらした粉雪はなかなか球にしにくいし、転がしたところで大きなスノーボールになりません。長いこと転がるうちに、まわりの雪を巻き込み、くっつけ、大きくなっていくのは湿ったスノーボールだけなのです。

やればやっただけ成果が出る「コア」がスノーボールだと、バフェットは教えているのでしょう。長い坂は、継続していくという忍耐。時間をかけて、やればやっただけ成果が出るスノーボールを転がしていけば、気がついたときあなたは、とんでもない大きな雪球を転がしているでしょう。これがキャリアの成功のプロセスです。

ちょっと特殊な「たったひとつの自分の強み」は何か？ それは周囲を巻き込み、やればやっただけ成果が出る「湿ったスノーボール」なのか？

この二点を真摯に問えば、不安に負けてあれもこれもと手を出し、半端な勉強を繰り返すような過ちをおかさずにすむはずです。

二〇代後半から三〇代は、本腰を入れてホームランを打つ時期。自分のナンバーワンを見つける時期です。どうやって強みを見つけ、ホームランを打つかを学ぶ、人生においてかけがえのないひとときと言えます。

図4-1　**自分のナンバーワンのつくり方**

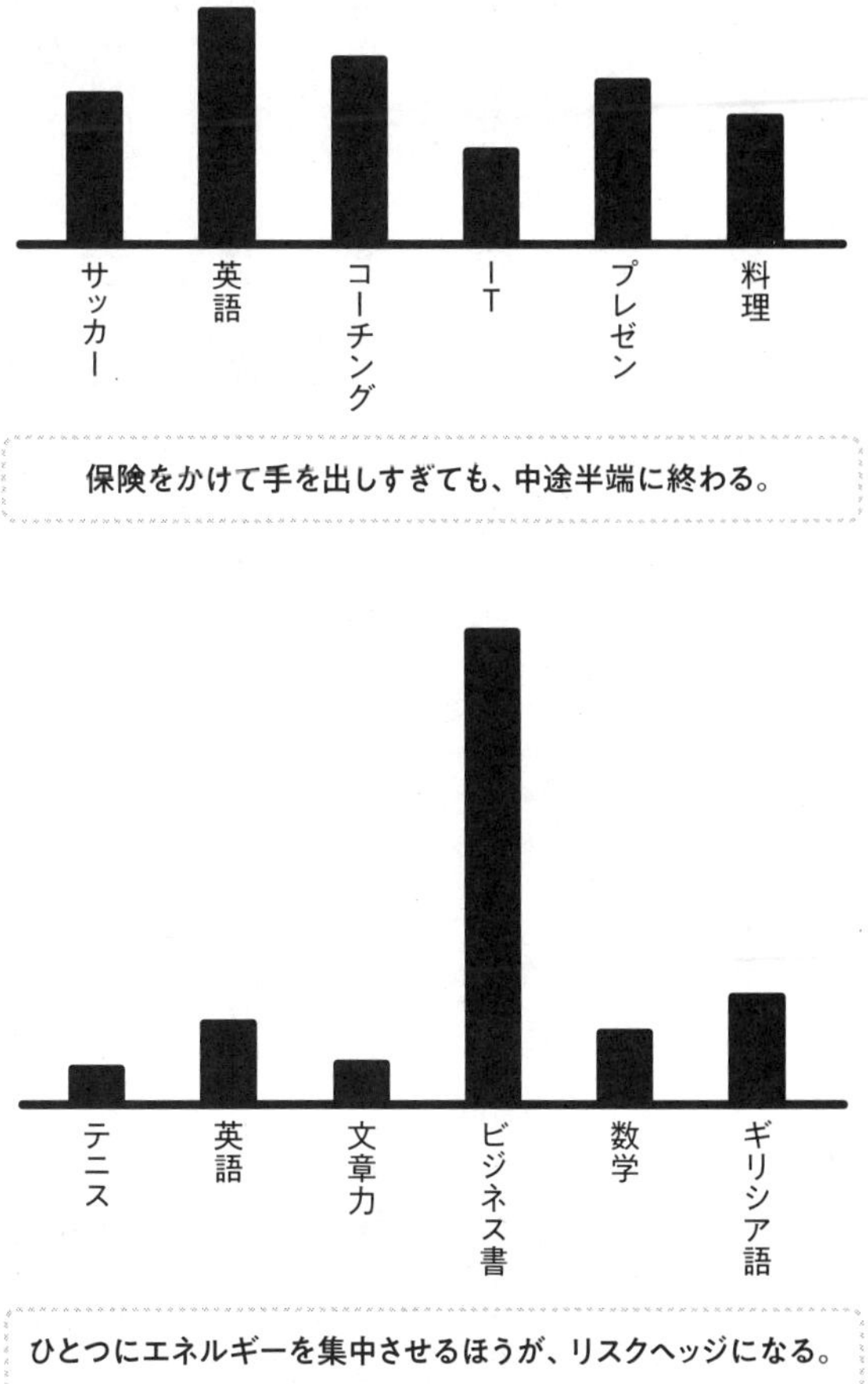

仕事は「やりたいこと」より「欲しい結果」で選ぶ

仕事に慣れて、自分らしい働き方を見つけて成果を出す。この段階に入ると、みんな「やりがいがあることをしたい」と考え始めます。

ここでありがちなミスは「やりがいがあること＝やりたいこと」という勘違い。やっていて楽しいことを、やりがいのある仕事だと思い込んでしまうのです。

目の前のプロセスが楽しい、楽しくないにこだわっては、成果には結びつきません。**やっていて楽しいからといって、やりがいがあるとは限らない**のです。

リンゴを採りに行きたくて、車で出かけるとします。

ルートAは、海沿いの快適な道。道幅が広く、景色のいいドライブは楽しくても、結局、くるりと回って家に戻ってしまうだけで、リンゴ園にはたどり着けません。

ルートBは、殺風景な山をくねくね越えていく、非常に運転しにくい道。しかし、最短距離でとびきり甘いリンゴがたわわに実ったリンゴ園に行けます。

こうして子供に聞かせるようなたとえ話にすれば誰だってわかるのに、仕事となると優秀な人までルートAに飛びついてしまいます。そろそろ決めてしまいましょう。

仕事は「やりたいこと」より、「欲しい結果」で選ぶべきだと。

欲しい結果が特にない人は、目先のやりたいことだけ選んで、今だけ楽しく過ごしても、まったくOK。僕とは違う生き方ですが、それもひとつの選択です。

何かしら結果が欲しい人は、まず自分が何を欲しいかを考えましょう。まわりの人の幸せ、高収入、有名人に会える、人に認められる、実績を残せる。何でもかまいません。

そのためのプロセスが、自分にとてつもない苦痛をもたらすものは問題ですが、「ちょっときついけど、まあ耐えられる」というものなら、まずは結果を手にするまで、耐え抜いて完走しましょう。

一度でも欲しい結果を手にすると、人はその報酬の中毒になります。つまり、「人に認められたい」と思って、多少つらくても認められるような仕事をし、実際に評価されると、それが快感になってやめられなくなります。そうなると、プロセスもだんだんつらくなくなり、それが「やりがいのある、やりたいこと」に変わるということです。

仕事と自分の才能は釣り合っているか？

何を見たときに自分が感動するか、すごい、美しい、素晴らしいと思うか。

これも「ホームランを打てるような仕事」をするためには大切なことです。

しかし、「完璧に理想通りだから感動している」という場合は要注意。そこには大抵、「わくわく」が欠けているからです。

たとえば、ある女性の理想のタイプが「料理ができるメガネ男子」だとしましょう。その通りの男性とつき合えば、ときめきはあるでしょう。しかし、「わくわく」はありません。なぜなら、すでに彼は出来上がっているから。あなたという存在によって変化する余地はないからです。

しかし、「料理はできないけれど、この人が好き」という人とつき合ったとしたらどうでしょう？　あなたのアドバイスで彼が料理を楽しむようになり、仕事も頑張るようになっていく、その過程にはたまらない「わくわく」があります。さまざまなやりとりでお互いが成長できる関係になれば、メガネはどうでもよくなるかもしれません。

男性でも女性でも同じです。「理想そのものでない相手」には、あなたがかかわる余地があります。自分が手伝い、相手の能力を伸ばしてあげられる、変化をもたらすことができる。それはどんな人間にとっても、たまらない充実感です。

これは男女を逆転しても同じだと思いますし、仕事にも言えることです。

僕はかつて、ある雑誌が大好きで、いつかこんな雑誌がつくりたいと憧れていました。しかし、その雑誌はあまりに完璧すぎて、二〇代の僕の能力で伸ばしてあげられる部分など、すでにありませんでした。自分がかかわったところで変わらない。いくら好きでも、その仕事と自分の才能が釣り合っていないということです。

「あんなことができたらすごい」という仕事が見つかったら、そのプロジェクトに参加しようとする前に、**「自分がかかわって、この仕事は変わるだろうか？」**と考えましょう。理想の働き方をしている上司がいたら「あの人と同じ仕事を、自分らしいやり方でできるだろうか？　それによってもっと成果を出せるだろうか？」と考えましょう。

憧れは、憧れのままそっとしておいたほうがいいケースは、意外にたくさんあるものです。

「グローバル固有名詞」を獲得する

アマゾンを創立したジェフ・ベゾスは、まず書籍販売からビジネスを始めました。次に扱ったのはCD、そしてDVDです。

奇妙な名前の小さな会社が世界中を顧客にし、何もかも扱う世界一の巨大ストアに成長したのは、**最初に固有名詞を集めたため**だと僕は分析しています。

本、楽曲、映画——これらは皆、有名な固有名詞の集合体です。誰もが知っている固有名詞を扱っているだけで、メジャー感は何倍にもなります。

大作家や人気アーティストの名前を使って合法的に、アマゾンという〝店〟に客を誘導した。ここに僕が本書で「固有名詞を取れ」と述べている理由もあるのです。

二〇代の前半は、「下働き」としてでもいいから大きなプロジェクトチームに入ると、固有名詞が取れると述べました。たとえ会議の席でテーブルにつくこともなく、後ろに並んだパイプ椅子に座っているような役割でも、参加していれば「『お～いお茶』の開発チームにいました」と言えるのだと。

しかし、二〇代後半から三〇代にかけては、この手は使えません。あなたの席だったパイプ椅子には、もっと若い後輩が座ることになります。

「うちの会社には後輩がいない」という場合も、年齢なりの働きをしなければ「いらない人」にされてしまいます。

「資料をつくるための補佐はいらない。テクノロジーの発達で、音声データをとってアプリで書類に起こせるから」ということも増えてくるでしょう。

三〇歳前後は、二〇代前半に獲得した固有名詞に上乗せする実力がないと、さらなる固有名詞が取れるチームには参加できなくなります。そのためには、自分の強みを知って、湿ったスノーボールを固めることも重要です。

同時に、**固有名詞そのものをよりシビアに吟味**しましょう。

架空の例ですが、伊藤園の商品名を借りて考えてみましょう。

あなたが二〇代の初めに下働きとして「健康ミネラルむぎ茶」の販売プロジェクトに

いたとすれば、「健康ミネラルむぎ茶」という固有名詞をとったことになります。

そのおかげで「健康ミネラルむぎ茶のチームにいたなら、ヒット商品の勘どころがわかっているだろう」と見なされ、チャンスを得ます。すなわち三〇代が近づいてきたタイミングで、「違うお茶の販売プロジェクトを、中心メンバーとしてやってみないか」と挑戦権が与えられるのです。

もちろん実力も不可欠ですが、人間はイメージに弱い生き物。「健康ミネラルむぎ茶」という固有名詞が、あなたの**キャリアにレバレッジ**を効かせてくれます。

もしも挑戦権を与えられたそのとき、「充実野菜」と「お〜いお茶」、ふたつの商品のチームがあったとして、あなたはどちらを選びますか？

基本は、そこに参加して自分が確実に成果を出せそうなところを狙うべきで、その考えで言えば「野菜やスムージーにはとにかく詳しい」という自分の強みを活かして「充実野菜」を選んでもいいでしょう。

しかし、ビジネスセンスという観点での正解は、問答無用で「お〜いお茶」です。なぜならよりメジャーかつ海外で通用するのは「お〜いお茶」だからです。

ここからは実際の話ですが、**伊藤園アメリカが北米マーケットをとるために、シリコンバレーのIT企業に狙いを定めた事業戦略**はよく知られています。それは見事に成功し、グーグル、フェイスブックでは「お～いお茶」という名前のまま受け入れられました。今では健康志向のおしゃれな飲料として一般の人たちにも大人気となっています。

つまり「お～いお茶」という世界に通用する商品にかかわれば、最強とも言える「グローバル固有名詞」が手に入るのです。

やがてもっと大きなビジネスに挑戦するとき、固有名詞がメジャーであればあるほど強い。それは国内であればナンバーワンシェア、大ヒット商品ですが、世界に通用する「グローバル固有名詞」も同様、いやそれ以上に強いという視点も持ちましょう。

もしかするとあなたは、独自のこだわりがあっておしゃれでニッチなものが好きかもしれません。しかしそれはあくまで個人の趣味であって、ビジネスとは別。知る人ぞ知る珍しい飲み物は、休日に出かけたカフェで楽しめばいいのです。

テーマパークでもイベントでも、取れそうな**固有名詞は、とにかくメジャーを狙う**のが基本です。

上司を勝たせて「共謀者」になる

成果を出すには、地ならしが必要です。ある程度の条件設定も必要です。

たとえば、大きな案件を任されたAさんと、ルーティンの案件しかまわってこないBさんのどちらが成果を出しやすいかと言えば、確率から言って有利なのはAさん。それには**上司を味方につけ、「こいつに任せてみよう」と思わせる**ことが大切です。

まずは、上司に花を持たせましょう。

あなたの力で上司を勝たせる——これくらいの気持ちで、一生懸命に尽くすのです。

こんなことができるのも、あなたに部下がいない今のうちだけ。たとえば、情報収集ひとつにしても、立場ができれば、社外はもちろんのこと、他部署にさえ「ちょっと教えてください」と言っただけで警戒されてしまいます。

しかし、まだ若手であれば、上司のために縦横無尽に情報収集ができます。

ある程度は仕事を覚えたけれど、まだいち社員に過ぎない。この限られたひとときを最大限に活かさない手はありません。

これは、**上にこびへつらえという意味ではありません。**同僚でも上司でも、自分のまわりの人に手柄を立てさせる方法を徹底的に考え、実行してみようという提案です。やがてそれは、自分に返ってきます。

また、すべての仕事は上司ひとりではできません。あなたは右腕となって働くことで、上司と共にプロジェクトを成功させる「共謀者」になれるのです。

アマゾン時代、僕は上司を呼び出したことが三回あります。

なぜ三回かといえば、上司が三回変わったから。

新しい上司というのは、大抵嫌われます。しかし嫌われている理由は不明瞭な場合が多いものです。理由はどうあれ、部下に嫌われた上司の部署は、成果を出せません。

だから僕は、憎まれ役を買って出て上司を呼び出し、「こういうところにみんな困っています」と進言するようにしていました。

その後、僕は日本の会社の社長賞にあたる「カンパニーアワード」をもらいましたが、これは当時の上司が推薦してくれたからです。

「もっとも尊敬している人のところで働きなさい」

これは、ウォーレン・バフェットがジョージア大学テリー・カレッジ・オブ・ビジネスで講演したときの言葉。

この人はすごい、と思える上司を勝たせるために、あらゆることをやる。これは遠回りに見えて、自分がホームランを打つ近道だと実感しています。

魚群を見つけるまで「実験」を続けろ！

大発明をした人は、ほかの人より多くの実験をしています。

実験を繰り返すとは、温度や薬品の量など、さまざまな条件でいろいろな方法を試すということです。

成果を出すには成果が出るまで、ありとあらゆる方法を試してみましょう。

ひとつのやり方にしがみつくよりも、**ただひたすらトライ＆エラーを重ねる**のです。

これは魚釣りに似ています。

場所、エサ、糸や竿。いろいろなやり方で釣りをしていると、ここはいけるというポイント、「魚群がいるところ」にぶちあたります。

そうしたら腰を据え、「なぜ、ここで魚が釣れたのか」とやり方を検証します。

「たまたま魚群がいるところに当たり、その魚が好むエサをつけていたから釣れた」ではなく、いつもは釣れないのに釣れたという**「例外の構造」を分析する**のです。

ノーベル賞の受賞者は、「例外的な実験」を「成功する実験」として確立した人です。

少し以前の話になりますが、二〇〇〇年にノーベル化学賞を受賞した白川英樹さんの導電性ポリマーの発見は、ポリアセチレンをつくるとき、大学院の学生が触媒の量を間違えて一〇〇〇倍にしたのがきっかけでした。

二〇〇九年のノーベル医学生理学賞を受賞したエリザベス・H・ブラックバーン教授は、染色体の末端にあるテロメアが染色体と細胞を老化から保護する仕組みを発見しましたが、そのきっかけは、例外的に膨大な染色体を持つテトラヒメナを使ったことにありました。

図4-2

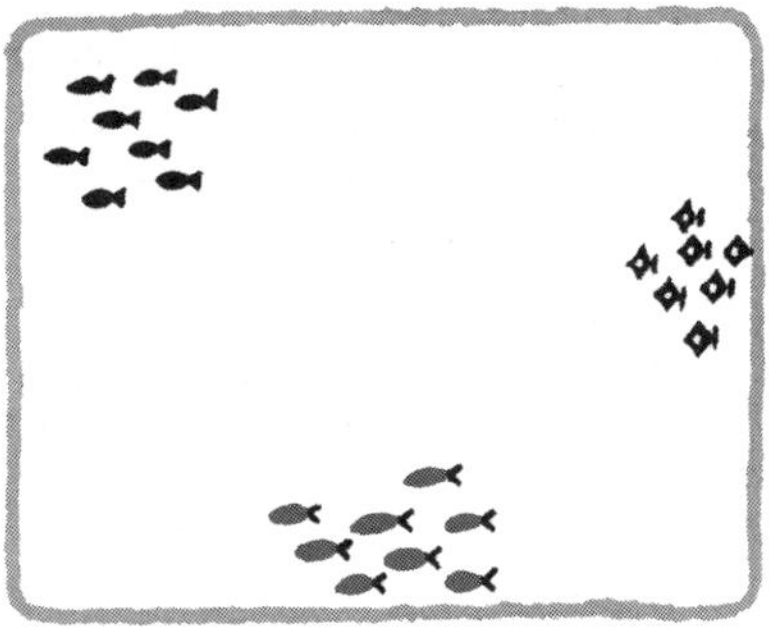

おいしいものは固まっている。
1匹釣れたら「なぜうまくいったのか?」を分析しよう。

こんなふうに、偶然うまくいったやり方を理論立てて再現できるようにしたのが勝因です。

方法論を確立したら、ひたすら魚群がいるところに糸を垂らし続けましょう。場合によっては、地引き網を持ってきて、ざっくりまとめて「大漁！」としてもいいでしょう。**ビジネスの世界では、できる人はできる人同士、うまくいく案件はうまくいく案件同士、固まっているもの**です。

一度魚群を見つけたら、エネルギーを集中投下しない手はありません。

「みんなが無理だとあきらめたこと」をやってみる

あるときテレビで**「ハマグリ採りの名人」**を見ました。そのおじさんだけが大粒で身がたっぷりつまった上物のハマグリを、誰よりもたくさん採っているのです。

一緒に採っている中に名人がいるなら、「やり方を教わるか、真似れば、みんな名人になれるのに」と僕は単純に思ったのですが、他の人はそうしません。

なぜなら上物のハマグリは、海のちょっと深いところにいるから。

ハマグリを採るには、熊手のようなものを使って砂から掻き出すのですが、その深さだと水圧で手に力が入らないようなのです。「ハマグリは深いところにいると知っているけれど、採るのは無理」と、他の人はあきらめているのでした。

ところが名人は、腰に柄の長い特別な熊手をくくりつけ、ざぶざぶ海の深いところまで熊手を入れるというのです。体はしんどいし、水の抵抗もあるでしょうが、名人は腰を動かしてハマグリを採る方法を考え出し、それで確実に収穫していました。

この方法を知っても、他の人は「そこまでしなくてもいい」とあきらめています。大変だからやりたくないのかもしれません。

しかし、逆に考えれば「みんなが無理だとあきらめたこと」をやり続ければ、絶対に成果は出るということではないでしょうか。

「どうせ無理だ」と、みんなが最初から勝負しないことを、やり続ける。これも自分の成果、**自分のナンバーワンをつくるひとつの方法**だと思います。

たとえばあなたが証券会社に勤めていて、ビル・ゲイツを顧客にできたら、絶対に成功します。しかし「どうせ無理だ」とあきらめて、最初からやらないのが普通です。ビル・ゲイツは極論にしても、**「挑む価値のある無理」は絶対に何かしらあるはず**。社内で「あの契約が取れたら最高だけど、無理」という件があれば、挑戦してはどうでしょう。

僕は、「この人と接点が欲しい」と思う著者にはコンタクトしており、バフェットにもメールを出しています。返事は来ませんでしたが、出すことに意味があると思っています。現にマーケティングの神様と言われるフィリップ・コトラーや、ベストセラー作家ジム・コリンズ、クリス・アンダーソンとは連絡がとれました。

やってみて失うものなどないうちに、やってみたいことは、たくさんあるはずです。

必ず成果が出るフォームを身につける

三×三の正方形状に並んだ九つのリング、すべてにゴールを決めていく。バスケットボール版の「ストラック・アウト」というようなゲームで、マイケル・ジョーダンがもうひとりのNBA選手と対決したときのことです。

ジョーダンは「あいつはマイケル・ジョーダンの姿をした神だ」とまで言われた天才ですが、このときも見せてくれました。

対決の際、ふたりが順番にシュートしていくと、相手はいくつか外してしまいます。

なぜなら、「ストラック・アウト」では、上の段と下の段のリングが普段プレイしているNBA規定のゴールと高さが違っていたから、プロでも調子が狂ってしまったのです。

一方、九つのリングすべてにシュートを決めたジョーダンはこう言いました。

「よく見ろ。あの真ん中のラインが、俺たちが普段使っているリングの高さだ。それを

基準に、いつものプレイをすればいい」

マイケル・ジョーダンは、自分が成功する「フォーム」を持っていて、状況が変わっても再現できるよう完成させていたのです。

だから地上からゴールの高さを瞬時に判断し、**違うパターンをいつものパターンに置き換えて、好成績を収めた**のでしょう。

第3章で、「上司に賭けてもらえる大穴枠になれ」と述べました。大成功かゼロ、その波乱の成績で引きつけろと。しかし、永遠に大波乱のままではいられません。

二〇代後半は、「必ず成果が出るフォーム」を身につけましょう。ひとつでもかまいません。また、**小さな成果でもいい**のです。

失敗しそうでもかろうじて黒字になる対策。目標の数字をなんとか達成できる定番の方法。こうしたことを知っているのといないのとで、だんだん差がついてきます。

どんな人にも負けるときはありますが、大赤字ではなく、ちょっとしたマイナスか、プラスマイナスゼロに食い止められるくらいだと理想的です。

フォームをつくる方法としては、一流の人のフォームを学ばせてもらうのに勝る方法はないことも覚えておきましょう。今のうちに、できる人を徹底して真似ることです。

「どうしようもないもの」も拾っておく

どうして、みんなこんなにも「おいしい匂い」に弱いのでしょう?

たとえば、今話題でCMも多い会社は、たちまち就活生の人気企業ランキングに登場します。出版関係のパーティでは、ベストセラーを出したばかりの著者のまわりに、わっと人が集まります。

「調子がよさそうなところ」「成功の匂いがするところ」に群がっていく。これは人の習性なのかもしれません。

ところが確率論から言って、そこにあるのは成功の匂いだけ。行列のできるラーメン店も、列の最後尾に並んでいたら、おいしいラーメンにありつく前に「本日のスープは売り切れました」と紙を出されておしまいです。大勢が受ける企業は狭き門になり、列に並んで名刺を交換したところで、売れっ子著者は顔すら覚えてくれません。

自分のナンバーワンを二〇代後半でつくりたいなら、「どうしようもないもの」も拾っておく、これくらいの柔軟性が必要です。

一見、失敗に見えるような案件、「なんだか不気味で変わった人」にこそ、思いがけないチャンスの種がひそんでいます。まだ若いあなたが食い込む余地も十分にあります。

よく知られた話ですが、３Ｍの「ポスト・イット」は、できそこないの糊から生まれました。糊の粒子が紙につけた瞬間に潰れ、いったん貼り付いたらはがれない。これが「優秀な糊」ですが、ポスト・イットのもととなった糊の粒子は弱くて、くっつくけれど簡単にはがれるものでした。しかし３Ｍの技術者は「はがれる糊」をできそこないと片づけず、**「はがれる糊でできること」**を考えました。そこから、今や誰もが使っているポスト・イットが生まれたのです。

かつてＪＲ東日本が販売していたミネラルウォーター「大清水」は、線路をつくっているときの湧き水を製品化したものです。線路造成に水は大敵。処理するには何億円もかかります。困ったものだと頭を悩ませているとき、現場の作業員が言ったひと言「飲めばいいじゃないか」で、一時期は約五〇億円のビジネスとなりました。

無難に成功しそうなところばかり追いかけているより、大失敗や「どうしようもないもの」を拾っておく。活かし方を考える。この姿勢も、覚えておきましょう。

「会社の看板」を超える業界ホームランを打つ

二〇代後半から三〇代に入る頃にホームランを打てた人は、その後のキャリアがぐんとラクになります。

この場合のホームランとは、「同期で一番早く役付きになる」「社長賞を取る」といった社内でのポジションを獲得することではありません。理想的には世間、少なくとも業界内で評判になるようなものでなければ意味がないでしょう。

大抵の人はずっと同じ会社で働き続けないのですから、社内ポジションは無意味。転職しようと今の会社に腰を据えようと、自分で自由にキャリアを選べるようになるためには、「あいつはできるやつだ」と業界内で知られた存在になっているのがベストです。

リアルな話をすれば、**転職したいとき、ネットの求人情報に登録することが唯一のルートになるか、ヘッドハンターや同業他社からも声がかかるか**という違いです。社内で「うちには〇〇さんがいる」と思ってもらえる存在になるか、「ただの上司」になるかの違いともいえます。第4章では、ホームランを打ち、自分のナンバーワンをつくる方法について述べてきましたが、ここで整理しておきましょう。

第一に大切なのは、**いろいろなやり方を試し、バットに球を当てる**こと。方法は何でもいい、偏見なく試すことが大切です。そして、とにかく一回、まぐれでもいいから球をバットに当てることです。すると、球が当たる手応えを経験できます。これを知っているのと知らないのとでは、雲泥の差です。

第二に大切なのは、**当てた経験に再現性を加え、自信に変える**こと。たとえまぐれでも一度球を当てると、「自分にはできる」という自信が生まれます。そこでもう一度、当てられるようになります。これを繰り返しているうちに、二塁打、三塁打が打てるケースも出てきます。

第三に大切なのは、**まわりに応援してもらう**こと。

この段階までくると、まわりの人が変わります。「あいつはなかなか打てる」と、上司や先輩が評価してくれるのです。すると、チャンスが巡ってきます。よい打席に代打で出してもらえたりします。経験、自信、チャンスに助けてくれる人脈が加わると、タイミング次第で十分にホームランも狙えます。

三〇歳までに、投資で経済を「自分事」にする

僕が若い人に会うと必ず言うのは、「さっさと株を買え」です。

就職したばかりだと株を買う最低限のタネ銭がないかもしれませんが、投資のデビューは早ければ早いほどいい。長期投資でお金を増やせという話ではなく、**早く投資をすれば早くマネー・リテラシーが高まる**からです。

今はNISAなどの仕組みがあるのでネットや書籍で個別に調べてみるといいでしょう。ただし僕のお勧めは、堅実で損が少ないとされる投資信託ではなく株式投資です。投資信託というのは、いろいろな株をバランスよく詰め合わせたパッケージで、個別に何が入っているのかは情報をとらないとわかりにくいものです。

しかし株なら「これはソフトバンクの株だ」と素人にもわかる銘柄がたくさんあります。ひとつでも株を買えば、日経平均が上がった下がったということが「自分事」になります。株価は気温の変動や事故や災害、国内の政治や国際情勢によって変化するので、

時勢にも敏感になることができます。**自分事になればインプット効率が上がる**ので、メリットは絶大です。その意味で、自社株が買えるなら買っておくといいでしょう。会社の業績に本気になるので、インプットの効率が高まります。

実際に「儲ける」という投資の観点でも、若いうちは株式投資が有利。自分はその価値がわかっているけれど、他人はまだわかってないものをいち早く安く買って高く売る、それが株の基本だからです。その意味で、消費の先端にいる若い人は、確実に株で儲けられるネタを持っています。僕は学生に「美少女が登場するＲＰＧ系のゲームがすごい」と聞いたりすると、その会社の株を即座に買うことにしています。うまくいったときは、軽く家一軒分くらいのお金になっています。

商品名やサービス名だけでなく、会社名を調べる習慣をつけて株を買うようにしましょう。これで、マネー・リテラシーが高まり、資本家への第一歩を踏み出すことになります。

理想的には二〇代前半、どんなに遅くても三〇歳までに株式投資を始める。場数を踏んで勉強し、資産も増えてきたら、投資信託や債券、不動産に切り替えて確実に増やしていくというのがいいでしょう。

終わりがない目標を持つ

ギリシア彫刻といってもピンとこないかもしれませんが、ルーヴル美術館所蔵の「ミロのヴィーナス」と聞けば、知らない人のほうが少ないくらい有名な美術品です。

ギリシア彫刻はもともと、エジプトの彫刻の模倣から始まっています。しかし、エジプトのものは芸術作品というより歴史的な作品としてとらえられ、美しさという点では、ギリシア彫刻のほうが評価は圧倒的に高いようです。

その理由のひとつは、大理石という素材との出合い、組み合わせの妙でしょう。大理石を用いるというギリシア人のアイデアが、肉感的な美しさ、輝く光と影のコントラストを表現する大きな力となったことは間違いありません。

古代ローマ帝国時代にも、ギリシア彫刻の流れを汲んだ彫像が多数つくられていますが、両者を比べた場合、たぐいまれな美術品とされるのはやはり、古代ギリシアの彫刻です。

僕は美術の専門家ではありませんが、時と共に洗練されるのがテクニックですから、作品はより進歩しているはずです。それなのに**なぜ、新しいローマの作品より、古いギリシアの作品が人の心を魅了し続けるのでしょう？**

理由はおそらく、「何を彫ったか」の差だと思います。

ミロのヴィーナスはご存じの通り、美の女神アフロディーテがモデルとされています（「ヴィーナス」はアフロディーテのローマ名）。作者も制作年も不詳ですが、翼を持つ「サモトラケのニケ」はギリシア文明最高峰の作品であり、勝利の女神ニケを象《かたど》ったとされています。つまり、ギリシア彫刻の多くは、「神」がモチーフなのです。

一方、古代ローマ帝国の彫刻のほとんどは肖像です。時の権力者や政治家がモデルとなっています。この時代の神を象った作品の多くは、ギリシア彫刻の模倣品です。

神を彫るか、金をもらって政治家の顔を彫るか。

真っ白な大理石を前に鑿《のみ》を手にしたとき、彫刻家が魂を込めるのはどちらかといえば、やはり神ではないでしょうか。金で雇われた「仕事」であれば、最高権力者のカエサルだろうと「まあ、このくらいでいいか」と自分なりのゴールが見えます。

しかし、「この輝く石の中に眠っている神を、かたちにしたい」という思いは、仕事を超えています。**神を彫ると思った瞬間、人間は「まあ、これくらい」では納得できなくなります。**限界のさらにその上の高みを目指す。いわば、終わりのない目標ができるということです。だからこそ二一世紀を迎えてもなお、ミロのヴィーナスには人々の驚嘆のため息が降り注ぐのかもしれません。

ギリシア彫刻の技術は、古代ローマ帝国のみならず、インドやアジアにも伝わり、多くの仏像が生まれました。京都や奈良を訪れればわかる通り、奇しくも「仏を彫る」という終わりなき目標に挑んだ遠い国でも、素晴らしい作品が残されています。

筋金入りのリアリストとして僕は、二〇代後半から三〇代にかけて目に見える成果を出すことは、これからのキャリアに不可欠だと断言します。欲しい結果から逆算し、やりたいことではなくやるべき仕事をし、着実に実績を出すこと。これは何がなんでも達成すべきです。

同時に終わりなきゴールを持つこと。これも若き日でなければできない、何があっても忘れてはならない大切なことです。**一生かけても満足しない何か、やってもやっても「自分なんてまだまだだ」と努力が続けられる何か。**それを持っている人といない人とでは、「幸福」という観点で決定的に道が分かれていくはずです。

僕の場合、継続しているものといえば、五五〇〇号を超えたメールマガジン『ビジネスブックマラソン』です。二〇〇〇号を超えた頃、「なんでそんなに続けられるの？」とずいぶん聞かれました。理由のひとつは、読んでくれる人がいるから。そして彼・彼女らの多くは実際に面識のある出版界のプロであり、おろそかにはできないと思っているからです。

しかし、続けていける理由はそれだけではありません。僕はあのメルマガを、亡くなった親父に向けて書いている、それが継続できる秘密です。

事業家だった親父は、懸命でしたが、不器用な男でした。末っ子で自他共に認める戦略家の僕からすれば、「もうちょっとうまいやり方があったんだよ、親父。そうすれば、あんなに体を壊すまで苦労して働かずにすんだはずだよ」と言いたい気持ちが、今でもあります。いや、自分が大人になればなるほど、その思いは強くなります。

天国に向かって書くとなると「さて、五五〇〇号か。疲れたし、キリがいいから、そろそろやめよう」とは思えないものです。

父に感謝していることはたくさんありますが、終わりのない目標をもらえたことも、そのひとつではないかと思っています。

『選択の科学』（シーナ・アイエンガー、文春文庫）

世界一の投資家、ウォーレン・バフェットも学んだ“バリュー投資の殿堂”米コロンビア大学ビジネススクールの特別講義を書籍化した一冊。投資やキャリアにおいて大事な「選択」の技術について、学術的にまとめている。選択肢を少なくすることで売れたジャムの試食の話や、P&Gのヘッド＆ショルダーの話などが、自分づくりの参考になるだろう。

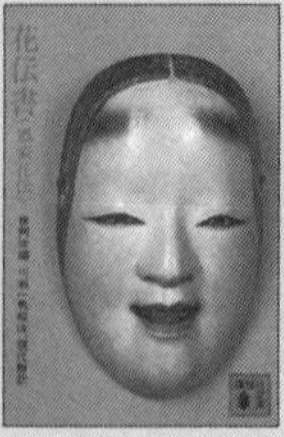

『花伝書（風姿花伝）』（世阿弥、講談社文庫）

能楽の聖典として知られているが、現在でも芸術表現論として幅広く読まれている本。ビジネスにおいても、コンテンツやサービス、エンターテインメントの要諦として読むことができる､示唆に富んだ内容だ。クリエイターや演技者を目指すなら必読。「秘すれば花なり」「花と、面白きと、珍しきと、これ三つは、同じ心なり」。ぜひ本書を読んで、自分の「花」を見つけてほしい。

COMMENT

若いうちに自分の強みやナンバーワンを見つけられると、キャリアは一気に有利になります。仕事とはつまるところ他者を助けることで、強みがあるということは、他者を助ける能力があることに他ならないからです。

自分の強みを見つけたいなら、ストレングス・ファインダー（ウェブテスト）付きの『さあ、才能《じぶん》に目覚めよう 新版』をお試しあれ。自分を商品としてマーケティングしたいなら（僕はこれを「自分マーケティング」と呼んでいます）、マーケティングのロングセラー『ポジショニング戦略［新版］』がお勧めです。

「今の自分にはまだ何もない。だから一から強みをつくりたい」というなら、部分1位をつくるために、『成功する練習の法則』を読むといいでしょう。

『選択の科学』『花伝書（風姿花伝）』も、自分の道を見つける上でヒントを与えてくれるはずです。

自分のナンバーワンを見つけるブックガイド

『ポジショニング戦略［新版］』

（アル・ライズ、ジャック・トラウト、海と月社）

世界的なマーケティング戦略家のアル・ライズと、ジャック・トラウトによる名著の復刻版。消費者の認識を利用し、自分のポジションを構築していく手法は今も有効。あえて自社を No.2と定義することにより成功したレンタカーのエイビス、「シンク・スモール」のコピーでブレイクしたフォルクスワーゲンの「ビートル」など、実例も豊富だ。

『さあ、才能《じぶん》に目覚めよう 新版』

（トム・ラス、日本経済新聞出版）

累計 50 万部突破のベストセラー『さあ、才能《じぶん》に目覚めよう』の新版。「ストレングス・ファインダー」というウェブテストがついており、テストを通じて自分が持つ資質に気づけるのがポイント。自分にどんな仕事が向いているのか、自分はどんなときにモチベーションや生産性が上がるのか、詳しく知ることで、「自分の強み」を築くことができる。

『成功する練習の法則』

（ダグ・レモフ+エリカ・ウールウェイ+ケイティ・イェッツイ、日経ビジネス人文庫）

強みを築きたいなら、部分1位を狙うこと。そのためには部分練習を大事にすること。本書では、全米でもっとも成功したバスケットボールコーチのジョン・ウッデンをはじめとする優れた教師の指導法、練習メニューに触れ、真に上達する練習の条件を紹介している。「スキルを分離して個別に練習する」「スキルに名前をつけて共有する」などはぜひ試してほしい。

第5章

三〇代〜：会社を超えて「自分」を売り出す

Q

大陸と島と橋、どれを買う？

あなたは地図を広げて、見渡している。
右手には、広大な大陸。
左手には青い海に浮かんだ、
小さいけれど美しい島。
中央に走る一本のラインは、大陸と島を結ぶ橋。
もし、あなたが大金持ちなら、
大陸、島、橋、さてどれを買う？

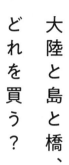

A

「将来を見据えたポジション」を取れ！

小さな島と大陸を比べて「大きいほうを買えばいい」というのは早計。
もしかしたら小さな島には、
すごい地下資源が眠っているかもしれない。
「じゃあ、小さな島に賭けよう」というのはギャンブル。
もしかしたら水すらない、見かけ倒しの島かもしれない。
大陸の価値も島の価値も未知数なとき、買うべきは橋だ。
島から大陸へ行くときも、大陸から島に行くときも、
橋がなければ人々は通行できない。
「将来を見据えたとき、絶対に必要とされるものを買う」。
これが肝心だ。
たとえば大企業にとどまる、小さな会社に転職するという二択でなく、
どんな企業にも必要な産業は何かを考え、
その会社を選ぶという具合。
これもまた、億万長者の教えである。

仕込みの期間の仕上げは転職

二〇代から三〇代半ばまでは、自分資産を増やすための仕込みの期間です。

かつて仕込み期間の仕上げとなるタスクは「マネジメント能力をつけること」でした。組織の中にとどまるなら、リーダーとしての資質を伸ばしていく必要があるからです。

では、なぜタスクが「マネジメント能力をつける」から「転職」に変わったのか？

その理由はふたつあります。

①企業の状況の変化

リーダーの資質を蓄え始める必要性は今も変わりませんが、企業の状況は少子高齢化によって大きく変わりました。定年が六五歳まで延長され、七〇歳になるという議論も出ているなか、**三〇代前半はまだ若手**なのです。年功序列は消えつつありますが過渡期であるため、マネジャーのポジションは、世代として人数が多い四〇代、五〇代がすでに取ってしまっています。よく言う「上がつかえている」状態で、特に大企業では、優秀な若手がマネジメントを経験するチャンスが先送りされています。実践できなければ、マネジメントを学ぶのも難しいでしょう。

②人材市場の変化

かつては一度も転職せず、同じ会社で出世して役員になって退職するのがビジネスパーソンの花道でした。しかし今は変化の時代。「一度も転職したことがない」という人はセンスがないと見なされます。

どうせ転職するのなら早いほうが売りやすく、リカバリー可能であることも事実。新卒でした就職が「違っていた」と思っても、二〇代に転職すれば新卒同様の若手として場所を変えて仕込みができます。また、転職してみたものの「ちょっと違う」と思っても、二回目の転職ができる――つまり**早ければ早いほどリカバリー可能**なのです。

今は三〇代半ばでも、場合によっては四〇代でも転職できますが、条件は悪くなっていきます。早めに一度転職を経験し、**自分の市場価値**を確認しておきましょう。

転職には三つの種類がある

転職には、大きく分けて三つあります。

①会社を変わる転職
②業界を変わる転職
③職種を変わる転職

この三つはまったく異なるものなので、きちんと理解しておきましょう。

ほとんどの人がしているのは、①の会社を変わる転職です。同じ業界・職種で会社を変わる、つまりポータブルになった「自分という資産」と「ふたつのリスト（取引先・顧客）」を持って違う会社で働きます。食品メーカーA社から食品メーカーB社に転職する――これは難易度がかなり低いので、今の時代は四〇代でも可能です。

「仕事も業界も気に入っているけれど、今の会社とカルチャー・フィットしない」という場合は、同業他社に転職して、仕込みを続けるのがいいでしょう。

②の業界を変わる転職だと、やや割合は減りますが、珍しいものではありません。

アパレル業界で働いていた営業の人が、食品業界に転職して営業をするケース。営業という職種は同じですから、仕込みで培った「自分という資産」は業界が変わっても使えます。

また、業界にもカルチャー・フィットがあります。**「営業の仕事は好きだけど、アパレルはカルチャー・フィットしない」**というとき、別の業界に行くのは正しい選択です。

仮におとなしいタイプの人が何かとハードな建設業界に三年いてカルチャー・フィットせず、住宅業界に転職したとします。すると住宅業界の会社は「建設業界でビジネスの基礎教育は終わっているし、この人はあたりが柔らかいから住宅業界にはぴったりだ。研修不要の新人としてお買い得だ」と歓迎してくれたりします。

金融業界から来た人がマネジメントのプロとして一般企業に行くこともしばしばあります。業界を変わる転職の場合、「役職付きで迎えられる」か「わからないことはその都度学ぶ若手として迎えられる」かなので、前者であれば何歳になっても可能ですし、後者であれば若ければ若いほど有利です。四〇代になると、業界を変わる転職はできても、自分も迎える会社もやりにくくなります。

また、自分を守ってくれるふたつのリスト（取引先・顧客）が業界限定だとつらいものがあります。アパレル業界と食品業界であれば、取引先や顧客が重なる部分が大きいので大丈夫ですが、テレビ業界の人脈が、そのまま食品業界で使えるわけではないのです。

テレビのみならず、かつては「最強」とされた専門性の高いプロフェッショナル型のキャリアは、業界と密接である分、必ずしもどこでも活躍できるとは限りません。

そこで、専門性が高い職種の人は、意識的に他の業界でも通用するようなふたつのリストをつくり、**人的資産を高めていく**意識が必要です。

あるいは専門性を磨きまくって他の業界にも転用できるようにする方法もあり、第2章で紹介した、元編集者がＩＴ業界で活躍しているのは、その実例と言えます。

僕は「あらゆる業界の垣根はいずれなくなる」という前提でいるので、これからの時代に真のプロフェッショナルを目指すなら、その高いハードルを越えなければいけないと考えています。

③の職種を変わる転職は、一番レアで難しいものです。これは二〇代がラストチャンスと言ってもいいでしょう。僕は目安として二八歳までだと思っています。

たとえば**営業をやっていた人が商品開発になる**ケースで、僕自身も経験しています。

僕はもともとアマゾンのエディターでしたが、途中でバイヤーに職種を変えています。つまりエディターという出版業界の花形から、バイヤーという小売業界の花形になったのです。花形から花形の〝転職〟は難しいことなのですが、それはアマゾンという会社に非常にカルチャー・フィットしていたからできたことです。

また、ビジネス書というプロダクトについてずば抜けて詳しく、マーケティングが専門という自分資産が明確だったためでしょう。

職種を変わる転職は、会社内でも難しい上に、会社や業界を超えるとなるとウルトラCと言えるほど難易度は上がります。**起業も会社、業界、職種を超える転職のひとつ**です。二八歳までというのは、失敗する確率も高いので、少しでも若いうちにやっておきましょうということです。その年齢なら失敗してゼロになってもやり直せます。

大きなチャレンジをするときは、リカバリーの方法も用意しておくのが、絶対に失敗しないための戦略なのです。

「年収を上げる転職」の三つのパターン

願わくは、転職するたびに年収アップも実現させたいものです。転職と年収の関係には三つのパターンがあります。

一番よくある転職のパターンその一は**同じ業界内**。前項で述べた「①会社を変わる転職」が該当しますが、年収という観点で考えてみましょう。

「年収はマックス六〇〇万円」という会社から、「年収はマックス八〇〇万円」という会社に移れば確かに年収は上がりますが、前の山で通用するスキルと、飛び移る山で通用するスキルが同じなので、変化の幅もインパクトも少ないでしょう。ここで年収に固執して信用という資産を失ったら元も子もありません。また、新しい職場になじめるとも限りません。会社のエース級だった人が、転職してさっぱりふるわなくなったという例もたくさん知っています。

図5-1 どこに転職すれば、年収が上がるのか?

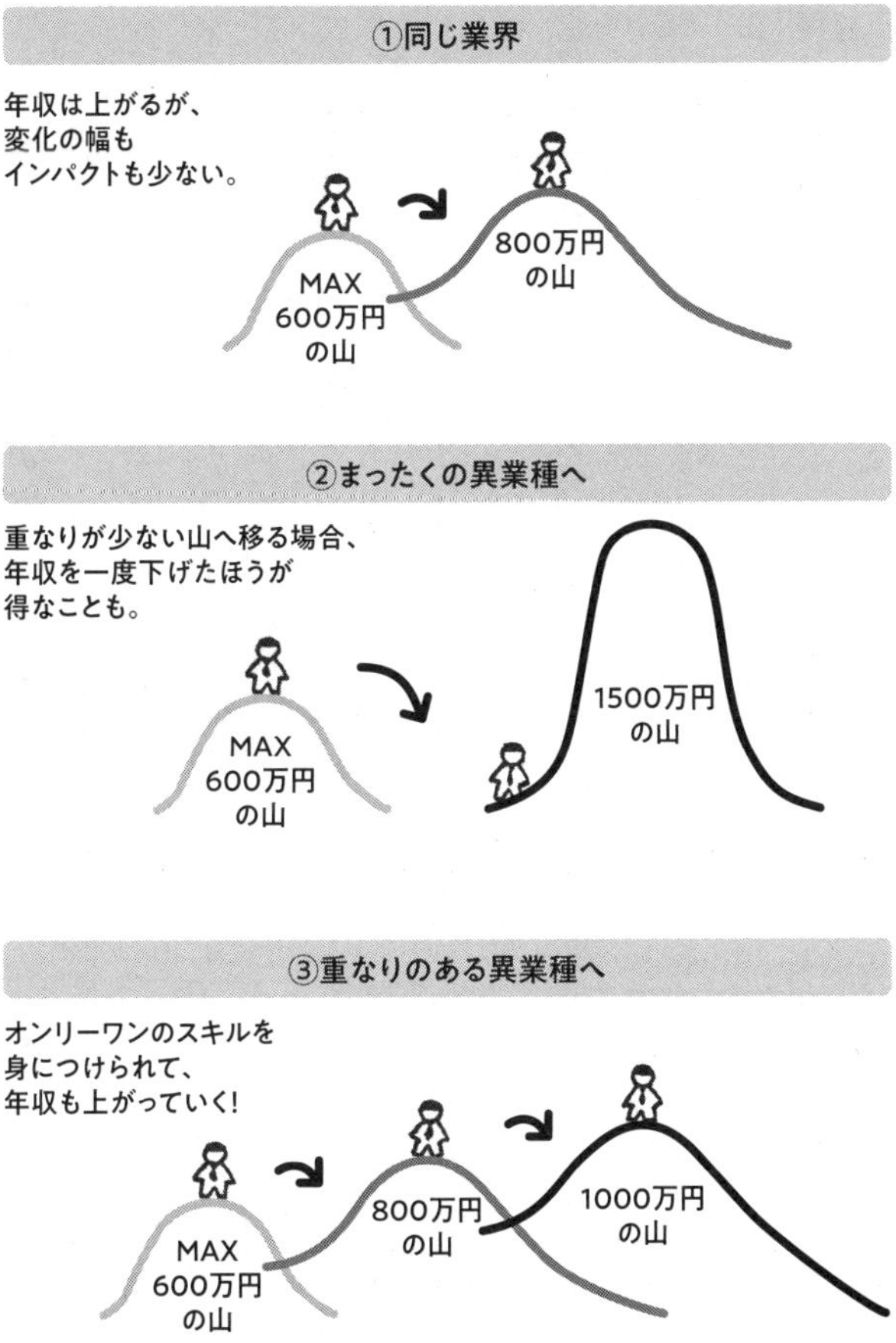
①同じ業界
年収は上がるが、
変化の幅も
インパクトも少ない。
MAX
600万円
の山
800万円
の山
②まったくの異業種へ
重なりが少ない山へ移る場合、
年収を一度下げたほうが
得なことも。
MAX
600万円
の山
1500万円
の山
③重なりのある異業種へ
オンリーワンのスキルを
身につけられて、
年収も上がっていく!
MAX
600万円
の山
800万円
の山
1000万円
の山

パターンその二は、**異業種への転職**。前項で述べた「②業界を変わる転職」が該当します。「三〇歳なら年収はマックス六〇〇万円」という業界から、「三〇歳なら年収はマックス一五〇〇万円」という業界へ一気に飛び移るやり方で、それぞれの山で通用するスキルはほとんど異なるものです。六〇〇万円の山の頂上から一五〇〇万円の山の頂上に飛び移ろうとしても、高さが違って滑落します。

今、六〇〇万円という山の頂上にいても、今度の山では三五〇万円くらいに下げて確実に飛び移り、そこから上っていったほうが、着実な年収アップとなるでしょう。

パターンその三は、**異業種だけれど、必要とされるスキルが少しずつ重なる山**。前項で述べた「②業界を変わる転職」の成功パターンとも言えます。

まずは最初の山で得たスキルを活かして二番目の山に飛び移り、そこで別のスキルを学びます。すると最初の山で得たスキルと二番目の山で得たスキル、合計ふたつのスキルを持つことになるので、三番目の山に飛び移る際も有利です。さらに三番目の山で働くうちにスキルは三つになり、その山の頂上に立てることも。

異業種に転職するたびに多様なスキルを身につけ、それを武器にして、少しずつ高い山に登っていく方法です。自分という資産を「意外・複雑・多様」にできるでしょう。

転職によって「評判と信頼」を確立する

転職が仕込みの仕上げとして適しているのは、**自分の実力のチェック**もできるからです。社内評価にはどうしても偏りがあるので、ヘッドハンターによる評価、転職先の評価と、基準が複数あったほうがいいのです。

複数の評価を持っていれば、同じ会社のひとつの評価で四〇代を迎えて、いざ別のキャリアを求めたとき「あっ、社外では通用しないんだ」と愕然とせずにすみます。

転職して会社が変わることによって、ホームランの真価を問うこともできます。すなわち、**「会社の看板があったから打てたホームランなのか、本当に自分の実力で打ったホームランなのか」**ということです。

転職したあとも確実なヒットやホームランが打てたとき「ああ、環境や社風のせいではない。この人は本当に実力がある」と、広く認められるようになります。

会社の中で認められれば会社内で職種を変えることができますし、会社の枠を超えて認められると、あなたのキャリアの自由度はますますアップします。

転職した会社に三〇代以降ずっととどまっても、やりたいように仕事ができます。

さらなる転職をする際も、少ない選択肢の中から妥協するのではなく、「さらに自分がやりたいことができるいい会社」を、好きなように選べます。

もしも**起業したい、フリーランスになりたいというなら、いきなり独立する前に、一度転職し、変化を経験**しておきましょう。そこでまたホームランを打ち、名を売っておくのです。

自分で商売をやっていくならある程度の資本が必要ですが、「評判と信頼」もまた不可欠の自己資本。つくっておくに越したことはありません。

ただし、あなたが今の会社で相当に高く評価されていて、人を束ねるスキルに長けており、「将来はこの会社の経営幹部を狙えるし、それが目標だ」という場合、転職はお勧めできません。今いる会社でさらなる「武勲」をあげ、同時に着々と社内ポジションを獲得していく策を選ぶのがベストです。

三〇代の転職は、自分を輝かせる「舞台選び」

三〇代になって転職する場合、自分の強みや適性、どんな仕事をしたいかがある程度、明確になっていることが大切です。

つまり、新卒や二〇代の就職、転職は「会社に自分を買ってもらう、選んでもらう」といういささか受動的な要素がある行為。一方、三〇代からすべき転職は**「どんな会社なら自分を売ってもいいかを、厳しい選択眼で選びとる」**という能動的な行為です。

「自分が選びとるなんて無理。雇ってくれるところがあれば、それでいい」という人は、転職すべきではありません。第3章から読み直して、今日からでも自分をゼロリセットして地道に再スタートしたほうがいいでしょう。

明日からでなく今日から、です！

三〇代で自分を売ってもいい会社の絶対条件は、「その会社に行けば確実に実績を残せるところ」です。

具体的には、**個人の成果が見えやすい評価体系**のところがいいでしょう。その会社の在籍者にリサーチする際は、評価基準と評価方法が数値化されているかなどを聞いておくことです。

さらに、ホームランを打てば社会的な話題になるような、目立っている会社なら最高です。

単純に大企業ということではありません。**規模は小さくても、何かナンバーワンを持っている会社。**そして普遍性と話題性を兼ね備えているところがいいでしょう。

こう考えてみると、三〇代の転職とは、これまでの経験とスキルを活かし、自分の名前と実績を知らしめる「舞台」となる会社を選ぶという感覚です。

この際、選択肢はふたつあります。

ひとつは、ある部門で成果を出せば話題になる有名な会社。

もうひとつは、その会社自体をあなたの成果によって有名にできそうな無名の会社。

言うまでもなく難易度が高くて高リスクなのは後者ですから、手っ取り早く「いい舞台」に立ちたいなら、有名な会社に転職することをお勧めします。

当然の話ですが、有名な会社ならどこでもいいというわけではありません。まずはカルチャー・フィットを見極めましょう。その際はヘッドハンターや在籍者の言葉を聞くだけでは不十分です。

経営理念としてウェブサイトに掲げられていること、経営者がインタビューで語っていることも、的を射ているとまではいかないものです。

真実が表れるのは、会社が言っていることではなく、やっていること。

「社員一人ひとりを大切にするのが、わが社の信念」とウェブサイトに書いてあっても、福利厚生はぼろぼろ、評価体系も曖昧ならば、そんな信念は社長の妄想です。

「業界に一石を投じるような、新しいことをやりたい」と経営幹部が語っていても、その会社が出す商品は常にどこかの二番煎じだったら、カルチャー・フィットするかどうかの判断基準にすべきは後者です。「当たりか外れかわからないクリエイティブな商品開発を良しとするのではなく、他社が先行開拓した市場で、オリジナリティはなくても堅実に売れそうなものをつくる社風」だとわかります。

あなたが新しいものをつくり出すのが得意なら「合わない」となりますし、小売りのノウハウを持っていて、需要と供給のバランスをとるのが得意なら、ぴったりな会社となります。

次に、その会社のビジネスモデルを知り、花形の部署を把握することです。

たとえばアマゾンでは、僕の入社当時は扱う商品が本だけだったこともあり、華やかに見えるのはエディターでした。どんな本が売れるかを見極め、その本について書評やコピーを書く。出版社の人とつき合う。出版社志望の学生の多くが編集職を希望するように、**エディターに憧れる人は多かった**と記憶しています。

しかし、当時のアマゾンという会社の本質的なビジネスモデルは小売業。文章を編集したり書くことではなく、本という「商品」を売ることで利益を得ていました。このビジネスモデルに照らし合わせれば、花形の部署は小売りに直結する部門、すなわちバイヤーなのです。

エディターは「この本を売りたい」と創意工夫を凝らしますが、会社全体としては「その本が売れなくても別の本が売れればいい」という判断をします。売れそうな本を、売れそうな数だけ、売れそうなタイミングをとらえて仕入れて売るという**バイヤーの仕事**

のほうが、社内での重要度ははるかに高かったのです。

出版業界で働いていた僕は、自分の真のスキルは編集ではなく、売れる・売れないを瞬時に見極めることだとわかっていました。

そのスキルを活かしてビジネス書を極めたいと思ったとき、エディターからバイヤーになるべく、異動願いを出したのです。

ご存じのようにその後、アマゾンは本のみの小売りから、家電やアパレル、雑貨などあらゆる品目を取り扱う小売りに拡大、電子書籍や動画配信も手掛け、現在では金融やクラウドサービスも事業領域とする巨大テクノロジー企業へと発展しています。もちろん、その過程で、花形部署はそれぞれ変化しています。

目立つ部署と花形部署は違っていたりもするので、**根本的なビジネスモデルを理解す**ることが大切です。

転職までにつけておきたい「マネジメント力、人脈力、表現力」

転職に必要な自分資産として、仕込んだもの以外に用意できたら最強なのは「マネジメント力」。二〇代で主任、リーダーといったマネジメント職を経験できたら理想的ですが、組織の高齢化でそうもいきません。仮に任されたとしても、三〇歳くらいまではマネジャー一年生ですから、まだ「身につけた」という域にはいかないはず。キャリアが続く限り求められるマネジメント力を、生涯にわたって学び続けていきましょう。

しかし、もしもあなたが三〇代半ばで、「これから初めて転職しよう」というなら、ある程度のマネジメント力は必須です。今の会社にとどまる場合も起業する場合も、マネジメント力の有無によって成果が決まります。マネジメント力なしでやっていける職人のようなビジネスパーソンは、ほとんどいないのです。

「マネジャーとしての求人」をしている企業は、単純に仕事ができる人でなく、**「仕事ができる人を育てられる人、今いる人を束ねられる人」**を探しています。

ＢＣＧ出身で数々の企業再生を成し遂げた、元ミスミグループ本社代表取締役社長の三枝匡さんや、日本航空を再建した稲盛和夫さんの例を見ればわかるように、転職というよりは「組織を変えるリーダーとして迎え入れられる」ケースもあります。

どんなに小さくても組織を率いる経験ができれば、マネジメント力を蓄えることを第一の課題としてください。

三〇代からは、**人の力で成果を出す時期**です。社内外の人とのつながりがどれだけあるかで得られるものも変わります。人間力そのものが試される時期といえるでしょう。三〇代の転職の成功は、「ふたつのリスト（取引先・顧客）」の充実度にかかっています。

マネジメント力の一環として、話し方、書き方、自己演出する力を合わせた「表現力」も磨いておきましょう。**マネジメントとは、人とコミュニケーションをとっていくこと**でもあります。いくら良い考えを持っていても、いくら部下への思いやりがあっても、伝わらなければ意味がありません。

見た目も含めた自己ＰＲ能力が低いとチャンスを逃します。ネット時代には、「書き方」も大きく差がつくポイントとなるでしょう。

「何か質問は？」と言われたら、地頭力を見せるチャンス

「食べ物ならイタリアンが好きで、休日は買い物かカフェ巡りしたりしてるかな」飲み会で隣の席になった相手がこう言ったときに、「へえ〜」なんてリアクションしたら、その時点でアウト。もし仲良くなりたいなら、質問しなければなりません。「最近行ったイタリアンで、おいしいお店を教えてよ」でも、「買い物ってどのあたりに行くの？」でも、何かしら聞きましょう。

質問しないとは、「あなたには興味がありません」と表明しているようなもの。転職に際しても就職試験でも同じです。会社から現在の事業内容について説明があったあと、あなたがすべき質問には、三種類あります。

第一に、**「御社に惚れ込んでいます」と伝えるための質問。**

それは大抵、未来に関する質問です。現時点での事業内容についてはほとんど説明さ

れてしまっているので、何か聞いたところで枝葉の話になります。しかし、「現在は広告の仕事を主にしていらっしゃいますが、将来はどのような新規の計画がおありですか？　御社のこの先のビジョンをお聞かせください」と尋ねれば、自分も一緒に未来をつくっていく一員として話が聞けます。

「今の君はもちろん、一〇年後の君にも興味がある」というのが口説き文句として有効なように、あなたの熱意が伝わります。また、将来の計画にはその会社の夢や目標も含まれているため、相手も「自分が語りたい話」をすることができて、満足します。

第二に、**実際に自分が会社に入ったときのイメージがわく質問。**

その会社で自分が成果を出すためには、どう行動するか、そのプロセスについて質問します。たとえば、「現在、ウェブページの記事の取材はどのように行っていますか？　この内容であれば、大学の教授も関心を持つと思います。彼らに寄稿してもらうことも可能でしょうか？」という具合です。ここから、自分はできる人間のネットワークを持っていることをイメージさせます。

また、「新規事業をご提案した場合、どのように審議されて採用にいたりますか？」

と尋ねて、相手の反応を見てもいいでしょう。「新規事業ねえ〜」と面接官の顔が曇るようなら、若手の提案を好まない社風だという判断材料にもなります。

そして第三に、**地頭力を見せる質問**。

僕がある小売チェーンの入社試験を受けたときのこと。同社のPRビデオのようなものを見せられたあと、「何か質問をひとつしてください」というだけの集団面接でした。自己PRの時間もとってもらえなかったので、僕と一緒に面接を受けた五人は皆、自己PRにすり替えた質問をしていました。「御社にとって、情報産業とはなんでしょうか？　私にとっての情報産業とは……学生時代のサークル活動を通じて……」といった具合です。質問は単なる前フリに過ぎず、自分のサークル活動の話を延々としています。

これは明らかにアウト。そもそも「質問してください」と言われたのに自己PRにすり替えた時点で、問いに正しく答えていません。

僕はそのとき「ビデオの中で、国内三〇〇〇店舗を目指すとありましたが、三〇〇〇店舗の根拠は何でしょうか？」と質問しました。自己PRは一切なし。一緒にいた誰より短い発言時間です。しかし、内定をもらったのはグループで僕ひとりでした。

あとから考えるとその理由は、地頭力を見せる質問ができていたからです。面接官は僕の質問に、「日本の国土総面積をうちの商圏面積で割ると、三〇〇〇になります」と答えてくれました。ビデオではただ「国内三〇〇〇店舗」と言っていましたが、そこには「日本中をくまなく店舗で埋め尽くす」という事業計画のキモが含まれていたのです。

この質問は短いながら事業計画のキモを突いていたので、地頭力のアピールとなりました。また、「自分は数字と商売に興味があります」というメッセージも込められており、もともと関西発で数字にこだわる商売人というその会社の社風にも、マッチしていたのかもしれません。

地頭力のいい人のコミュニケーションは、大抵簡潔です。**質問が短いほうが、良いPRになる**のです。

最後に付け加えておくと、「してはいけないのに、してしまいがちな質問」もあります。それは、やる気を疑われるような質問。

「残業はありますか？」というのは代表例です。残業など、あって当然。「できればやりたくないな」と思っていることを、「〇〇はありますか？」とわざわざ尋ねるのは愚の骨頂。そうしたことは、事前にOBに会ったりして調べておけばすむ話です。

自己PRは「四つのP」を考える

転職はもちろん、就活生でも同じですが、採用面接に臨む際は、自己PRの四つのPを理解しておきましょう。これはもともとマーケティングについて、ジェローム・マッカーシーが提唱した考え方を応用したものです。

①Price（価格）：自分の「お値打ち感」を伝える

新卒の場合、値段は会社ごとに大抵決まっていますし、どの学生も同じです。転職の場合はスキルによって変わってきますが、二〇代前半は、みんなほぼ同じ。いずれにしろ、ここでアピールすべきは、「お値打ち感」です。

知人のヘッドハンターは、**「お値打ち人材か、お墨付き人材を採る」**と言っていました。まだ自分の成果が出ていなければ「お墨付き」は難しいので、「お値打ち人材」を目指しましょう。

融通がきく、言われたことは嫌がらずにやる、サービス残業も厭わない。便利屋に徹することができれば、大抵採用されます。これは、値段は一定だけれど労働量を増やすことでお値打ち感を出す、バリュー価格戦略です。

やりたいことに固執しないことも、お値打ち感のアピールとなります。「絶対に広報をやりたいです！」と主張したところで、会社側から見れば、広報として使えるかどうかは未知数。別の部署に回したらふて腐れそうな人は、「無駄な買い物になるかもしれない」と避けられてしまいます。わが社で採用面接をした際、「何に向いているかわからないので、何でもやります」と言った人がいましたが、今や大切な社員のひとりです。

また、「英語もできて、経理もできる」といった、**「一粒で二度おいしい」**というお値打ち感の出し方もあります。仮にひとつのウリは使い物にならなくても、もうひとつのウリを使えるとなれば、会社側にはいい買い物になります。

②Ｐｒｏｄｕｃｔ（製品）：自分を商品と考える

自分を「売り物」とし、客観的にとらえましょう。誰に喜ばれる、どんな製品なのかを他人事のように考え、自己ＰＲの際はそれを的確に伝えます。

「ああ、自己分析すればいいのか」と、就職マニュアル通りのことを考える人もいるかもしれませんが、**僕は「自己分析・否定派」**です。自分を知るとは、そう簡単なことではないと思っています。新卒時に売るべきは「可能性」です。人間の能力は詰まるところ、投入した時間ですから、これまでにやってきたことをアピールする。そうでなければ、これから公私共に時間を投入する覚悟を伝えることです。

③Place（流通）：自分にふさわしい会社に自分を売る

誰にでも、自分にふさわしい居場所は必ずあります。自分という商品をその会社の社風に照らし合わせてみて、「合わないな」と思ったら、やめておいたほうが自分のためです。合わないけれど「いい会社だから、憧れの業種だから」という動機で入社するのは危険。これは、**デザインは気に入っているものの、サイズが合わない靴をはき続けるようなもの**です。足が痛くなるし疲れるし、じきに買い替えるしかなくなります。

社風と合わなければ、本来の実力も発揮できません。その意味で、「あなたの性格を教えてください」といった面接時の質問には、取り繕わずありのままを答えましょう。そうすれば会社側も合う・合わないを判断してくれます。

会社と自分、お互いの未来を考えれば、「好きだけれど、相性が悪い」とあきらめる潔さも必要です。

④Promotion（プロモーション）：会社の中で自分の広告をつくる

その会社の中で自分をどのように売っていくかを考えます。入社前の面接の段階であれば、**「自分という商品はお役に立ちますよ」**というイメージを伝えるといったことです。

同じ営業部員でも、法人相手に大口契約を取るのが得意な人と、マンツーマン接客が得意な人、大勢の前で実演販売するのが上手な人に分かれます。

洋服でも、少数のマニアに人気のものか一般ウケする商品かで、宣伝方法は変わってきます。高級ブランドの服を買う人はテレビCMを見て「あっ、欲しい、買おう」と思いません。広く一般に売るファストファッションであれば、CMや駅貼りポスターが効果的です。

自分という商品に合う広告をつくりましょう。

自分は外回り用の人材なのか、社内にいるのが合う人材なのか、宴会部長なのかを知り、それにぴったりくるキャッチフレーズをつけて説明するということです。

志望動機で「四つのなぜ？」が言えれば採用

「なぜこの業界なのか？」「なぜこの会社なのか？」「なぜ自分なのか？」。新卒の就活であれば、志望動機として、この「三つのなぜ？」について語ることができれば内定です。転職だと「なぜこの職種なのか？」を合わせて「四つのなぜ？」になります。

①なぜこの業界なのか？

他業界との比較の視点を入れつつ、業界の存在意義を語ること。入りたいのが金融業界であれば、生保でも公務員でも実現できない構想を語ることです。

②なぜこの会社なのか？

業界の中でその会社が占めるポジション、その会社の特性を明確に述べられるようにしておくことが重要です。伊藤忠と三菱商事、日本航空と全日空、キリンとサントリーとアサヒというように、同業他社の違いを具体的に指摘しなければアウト。そうしないと、「うちじゃなくて、〇〇に行けばいいのでは？」と、面接官に同業他社を勧められてしまいます。基本的なことですが、会社研究をきちんとしておきましょう。その会社のウェブサイトや働いている人の意見をリサーチしましょう。

その会社が「やっていること」でなく「やらないこと」に着目すると、特性が見えてきます。人と同じで会社の「思想」も、やらないことに現れます。

同業他社への転職の場合であれば、組織力、流通網、人材育成、報酬体系など業界の中でその会社の優れた点を具体的に挙げていきましょう。さらに新しい環境でより大きな成果をあげられることを数字で語ることができれば、強いアピールになります。

③なぜ自分なのか？

特に新卒でやってしまいがちなミスが、ひとりよがりに強みをアピールして、自爆してしまうこと。たとえば、商品開発力が強みの会社の面接で、「私は人と違う発想力の持ち主で、アイデア豊富です」とアピールしたところで、井の中の蛙。その社にたくさんいるアイデアで食べている人にかないません。「世の中を知らないな」と思われるのがオチです。「開発部門に固執しているから、他部署に配属したら使えない人材」というリスク因子と受け取られるかもしれません。それよりは、その会社の「困っていること」に対して、「自分は何ができるか？」を語りましょう。難しいこととは限りません。「忙しい上司や先輩が自分の仕事に集中できるように、雑用のプロになります」でもOKです。

もうひとつの方法としては、「その会社を題材としたマイ・ストーリー」を語ること。たとえば、女性向けの商品を多く扱っている会社の面接で、こう話してみます。

「いつも姉がデートに行く前にファッションや髪型についてアドバイスしていたので、女性も男性の視点を必要としていることに気づいていました。大学時代にも女子学生モニターを集め、企業のマーケティングのお手伝いをしていたのですが、ヒット商品にちょっとでも役立てたことに興奮しました」

姉妹がいなければ母親でも女友だちでもいいでしょう。大切なのは、自分の人生の一部が、その会社とリンクしていると伝えること。そうすれば情熱と本気度が伝わり、「あ、ちょっとやそっとでは辞めないな」と面接官は感じます。逆に言えば、**マイ・ストーリーを用意しようとしても用意できない会社は、自分に向いていない**かもしれません。人間は本当に興味のあることは、会社に入る前にすでにやっているものだからです。

転職の場合は、点と点を線にする感覚で、「気がついたら一貫して〇〇をやっていることに気づいた」「強い関心がある」「結果を出したのはすべて〇〇に関することだった」などと**一貫性をアピールする**といいでしょう。

④なぜこの職種なのか？

転職はいわゆる第二新卒を除けば、職種ベースの採用がほとんどです。なぜ営業なのか、なぜ接客なのか、なぜ広報なのか。前の会社でその仕事にどのように取り組み、どんな実績をあげたのか。その仕事にどれだけ情熱を持っているのか……を固有名詞をもとに語りましょう。

「取引先リスト＋顧客リスト」を持っていることを、**実際手掛けたプロジェクトのエピソード**を交えて披露するのも効果的です。レアかつ難易度が高い「職種を変わる転職」の場合、「なぜこの職種なのか？」について圧倒的な説得力をもって語る必要があります。

アマゾンという社内ではありますが、僕がエディターからバイヤーになったときは、商品知識やバイイングの勉強をしている姿勢を見せ、さらに投資して商売のセンスを磨いていることをアピールしました。「自分という資産」での勝負になるということでしょう。

「この会社から求められていること」を知っておく

会社はジグソーパズルです。さまざまな要素が複雑に組み合わさって、一枚の絵が完成します。あなたはその一ピースになるわけですが、ぴたりとハマるピースでなければ、自分も会社もハッピーな結末とはなりません。すべてのビジネスは需要と供給です。その会社の一ピースとして採用されるかを考える際は、次の二点を意識しましょう。

第一に、自分はこの会社で、何を期待されているか。
第二に、この会社に足りないものを、自分がどう補えるか。

ＩＴに強い人がＩＴ業界に入る、これは適材適所に見えますが「その他大勢」に埋もれる危険性大です。ＩＴ業界にはそのスキルを持つ人がゴロゴロいて、生半可な力では太刀打ちできません。「このニーズを満たすピースは、満員御礼」ということもあります。

あなたはその会社が期待しているほどの専門性を持っていないし、その要素を期待されてもいない。少なくとも、会社に足りないものはあなたのＩＴスキルで補えはしないということです。

しかし、「ＩＴスキルが必要だけれど、ＩＴ化の途中」という業界なら、同じ能力であっても、「わが社のＩＴ担当者として、ぜひ欲しい」と歓迎されます。

仮にＩＴ化を考えている飲食チェーンに入ったとすれば、相手の期待に応え、自分のスキルを希少価値として武器にできる上に、飲食について学ぶことができます。将来的に、「ＩＴと飲食に強い」というふたつの能力を兼ね備えることが可能になるのです。

これは、相手が期待していなかったものの、意外な取り合わせで「その会社に必要な人」になる方法。面接官に、**「どうして君のような人がウチを受けるの？」**と言われるようなケースです。

かつて日本に「萌えブーム」を巻き起こした『もえたん』（三才ブックス）は、真面目そうな学習参考書コーナーに、萌えキャラをあしらったカバーがあるという意外性で、大ヒットしました。妙な話ですが、ターゲットである受験生の男子は、思春期なのに禁欲的に勉強しているわけです。『もえたん』は、「書店の学参コーナーで萌えキャラに会え

る」なんてまったく期待していなかった男子受験生の、「隠されたニーズ」を満たした
ということです。しかも「あくまで英語の勉強である」という言い訳も用意されている
のですから、相当にきめ細やかなサービスといえます。

三田紀房さんの『ドラゴン桜』(講談社)が大ヒットした一因に、「マンガだけれど東大合格に役に立つ」という要素があります。面白くもない学参コーナーに置かれたとびきり面白いマンガは、受験生の「マンガを読みたい、でも勉強しなければならない」というニーズを満たしたのです。

その会社が成長途上なのか、すでに伝統があるのかでも、求める人材や新人に期待するものは変わります。

成長途上なら元気でやる気がある人が欲しいし、手足となってひたむきに働くハードワーカーを求めているかもしれません。すでに伝統がある会社は、新しい風となるような人、情報のアンテナが弱ってきた幹部から見れば宇宙人のような若い人との「通訳」をしてくれる人を求めているかもしれません。たくさん人が辞めたあとならムードメーカーとなる人材が採用されますし、チームの盛り上げ役が必要かもしれません。

足りないものとは大抵、部署レベルでぽこっと空いているポジションです。これは、シンプルな質問をすれば見えてきます。

「今後、御社が変わらなければいけないとしたら、どんな点でしょうか？」

「その際に求められる業務はなんでしょうか？」

たとえば、先ほど例に出した小売チェーンでいえば、「三〇〇〇店舗に拡大する事業計画があり、多くの店舗業務が必要となる」が答えです。その際、求められるのは接客が上手な人、人当たりが良くてコミュニケーション能力が高い人ですが、「アルバイトのリーダーでした」とアピールしたのでは、店長のひとりで終わるリスクもあります。

同じことを「人を育てるのが得意です」「数字を検証するのが好きです」と言い換えてアピールすれば、アルバイトのマネジメントではなく、全国の店長をマネジメントできるチャンスが生まれるかもしれません。

理想は、面接の場で聞くのではなく、あらかじめ徹底的にリサーチしておくこと。転職ならなおさらです。その会社の取引先、OB、退職者など、内部事情を知っている人に聞く、大手ならネットの情報もたくさん出ていいます。何で稼いでいて、リスクにさらされるとまずい部分は何か、ビジネスモデルを研究しておくことも大切です。

社会貢献のための転職こそ「お金の流れ」を見る

「年収を上げたい、成功したい」という理由で転職する人ばかりではありません。

単純に「カルチャー・フィットを間違えた」という人も、「今の会社は気に入っているけれど、もっとやりがいが欲しい」という人もいます。「自分の時間が欲しい」「家族のためにワークライフバランスを」という人もいます。

ブラック企業やハラスメントは当然のこと、「仕込みの時期にここではあまり学べない、キャリアアップできない」と感じたら、すぐに転職していいのです。

これらの共通点は、「自己実現のため、プライベートのための転職」だということです。

一方でここ数年、「社会貢献がしたい」という思いで転職する人も出てきました。

彼らは**「世の中のため」という理由で働き方を変えよう**としています。

人の役に立つことは自己肯定感につながるので「自己実現のため」でもありますが、使命感や社会的な視点を強く持っている点が、かつてなかった傾向だと思います。

二〇〇〇年代に成人して社会に出たミレニアル世代もアラフォーですが、個人としての暮らしを重視し、あまりお金にこだわらない人たちは、その後も増え続けています。たくさん稼ぐことを正解とせず、心地よい暮らしに価値を見出し、社会的関心が高いことから〝意識高い系〟などと言われることもあり、社会貢献のための転職を選ぶことが多い層です。

では、社会貢献のための転職はどうすればいいかと言えば、僕の答えはシンプルで、**「社会的に意義のある会社に転職すること」**です。

たとえば、サステナビリティに取り組んで成功している某アパレルブランドのように、社会的に意義がある会社が成長していることは事実。カルチャー・フィットの確認も兼ねて、その会社の理念をよく知ることが重要です。

ただし、その際に注意しなければいけないのは、高い理想を掲げる会社であればあるほど、その**素晴らしい理念だけで判断するのは危険**だということ。残念なことですが、やっていることと言っていることが違う会社は多くあります。

具体的には、**その会社が「何で稼いでいるか」**を把握しましょう。今は昔と違って情報がとりやすくなっているので、詳細に調べることも可能です。

まったく関係のない本業で稼ぎ、余ったお金でイメージ戦略として社会貢献をしていないかを見極めましょう。片手間の社会貢献は信念がないので、本業がうまくいかなくなったら真っ先にカットされます。また、ブラックそのものの本業を隠蔽《いんぺい》するために社会貢献的な事業をしている企業もあるので要注意です。

ちゃんと本業が社会貢献になっている会社であれば、競争優位性はどこにあるのか、参入障壁は高いのかなどに注目しましょう。たとえば、いかに地球に優しい素材で商品をつくっていても、コストが高すぎて赤字続きならいずれ破綻します。地球に優しい製品をつくっていても、その工場で働く人には優しくない場合も、続かないでしょう。

たとえ理想のための事業でも、協力者や雇用者に適正な対価を払うのは当然のこと。高い理想を掲げつつ、共感する人を安いお金で雇用する**「やりがい搾取企業」**に騙されてはいけません。

近江商人のマインドに、関係者全員が幸せになる「三方よし」というのがありますが、**誰も泣かせず、みんなが幸せになる事業こそ、社会貢献**ではないでしょうか。

僕が「バランスがいい」と思うのは、理想を追いつつ、実業もシビアに行っている会社。たとえばユーグレナは、藻の一種であるミドリムシの性能に着目し、健康に役立てるという事業で、環境に優しい代替エネルギーを生み出し、さらには未来の食糧難を視野に入れています。経営理念は「人と地球を健康にする」ですから、社会のためです。しかし彼らの本業は、そのユーグレナを使った緑汁や化粧品の販売であり、堅実に利益が出る地に足のついたビジネスなのです。

僕は学生時代、「金がないと夢までしぼんでしまう」といった話をある講演会で聞いて感銘を受けましたが、話者は環境に優しいエネルギーを追求している朝日ソーラーの林武志社長でした。一見お金とは関係のないＮＰＯやＮＧＯでもマネタイズが健全でなければ頓挫《とんざ》します。理想を追い求めるにもお金がいるという現実を、大きな理想を持っている人ほどシビアに意識する――これもマネー・リテラシーです。

社会貢献をしたくて採用面接を受けるのなら、自分の使命感や夢を語りつつ、それがどうビジネスにつながるかを明確にしましょう。

世間の人はあまり言わないかもしれませんが、ビジネスパーソンとして、僕ははっきり書いておきます。**夢とお金を切り離してはいけない**と。

起業であればなおのこと、「金になる夢」をリアルに語らないと投資家の出資は得られません。未来の夢のビジネスも、お金なしでは実現しないのです。

社内で手を挙げて「新しいこと」をやるのも手

大企業に勤めているのであれば、手を挙げて、社内でやっていないことをやるのも、自分を世の中にアピールする方法です。職種を変わる転職がもっともやりやすいのもここです。

二〇代のうちに社内で職種を変える〝転職〟をし、三〇代でふたつの職種を持って社外に出る転職をする――そのとき、自分という資産はかなり蓄えられているはずです。

今の仕事に満足じゃないけれど、会社を辞めたくはない。そんなとき、とっておきのアイデアがあれば、状況が変わるかもしれません。話題性がある会社の社内ベンチャーであれば、無名の一個人として起業するより、脚光を浴びる率はグンと高くなります。

東証一部上場の精密機器メーカーに勤務していた知人は、三〇歳になろうというとき、リストラ要員でした。自分のナンバーワンも確立できていないし、残念ながら二〇代ではホームランを打てなかったのです。そんな状態で一念発起して出した企画が、自社商品の在庫処分を行う直販店。この企画は「社内ベンチャー」として採用され、別会社ができました。これが大当たりし、年商一三億円の事業に成長したのです。結果として、彼は三三歳にしてグループ約一三〇社の現役最年少役員に抜擢されました。

大企業というのは、仕組みができている点が強みです。

社内ベンチャーをやる、新規事業を立ち上げるという場合、会社はどのような仕組みで社員のアイデアを吸い上げ、それを形にしていくかを、組織として知っている必要があります。

もしあなたが所属する会社にそうした仕組みがあるなら、利用しない手はありません。**自分のスキルやアイデアを会社の仕組みと組み合わせたとき、取り合わせの妙で何が生まれるか。**慌てて転職する前に、考えてみるといいでしょう。

地味で当たり前に見えても、部署異動も「取り合わせの妙」になり得るし、「新しいこと」をやるチャンスです。

ひとつの部署で成果を出している人は、他部署の上司から注目されているケースは多いもの。「あいつが欲しい」と思ってくれているかもしれません。また、今の部署で成果を出していれば、自ら部署異動を願い出たとき、会社も聞く耳を持つものです。

地殻変動の起きる場所にポジショニングする

「エベレストの頂上はどこにある？」というクイズは僕のお気に入りで、いくつかバリエーションがあります。図5－2もそのひとつ。

普通に毎日暮らしていると、僕たちは動いているのは人間だけであり、自分から行動するしか変化を起こす手段はないと思い込んでしまいます。

しかし、量子力学をかじった人でなくとも、「机もビルも岩も粒子レベルでは動いている」という話を聞いたことがあるでしょう。地球が動いていることは小学生も知っていますし、山が「生き物」だというのも常識です。このように考えると、**自ら登ることが、エベレストの頂上に行く唯一の方法ではない**とわかります。

最初は全員が一列になって平地に並んでいたのに、ある日突然、地殻変動が起きて、あなたが立っている場所だけが急激に押し上げられ、自然に頂上になるかもしれないのです。

図5-2

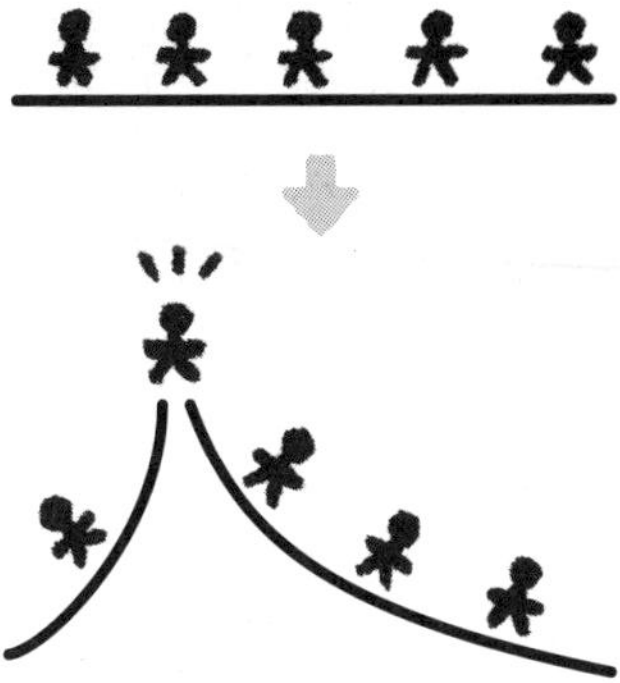

登るだけが頂上に立つ方法ではない。
自分の立っている場所をいつも意識しよう。

キャリアについても、同じことが言えます。最初は全員が同じ高さに一列に並んでいても、ある日突然、誰かひとりが頂上に押し上げられることはあります。この場合は地殻変動ではなく、時代の変化でしょう。

江戸時代から明治にかけて、日本橋やお茶の水など、人の多いところには「水売り」がいました。飲み水を担いで売る、元手の少ないささやかな商売です。

しかし今や、水は石油以上と言われる高価な資源になりつつあり、ミネラルウォーター産業はビッグビジネスとなっています。同じ水売りでも、**時代によってその仕事の評価は変わります。**

大切なのは、地殻変動が起きそうな場所に、ポジショニングすることでしょう。ここだという場所が見つかったら、多少気持ちが揺れてもじっと動かない信念も必要です。

独立や副業には「資本力が通じない仕事」を

二〇代からの八年間の仕込みがうまくいき、プラスαの仕上げとして、転職ではなく起業したい人もいると思います。それも選択肢のひとつとして悪くないと思います。

不確実時代のいいところは、変化が頻繁にあるという点です。三〇歳前後で起業して、たとえうまくいかなくても、再び就職することもできるでしょう。

副業を認める企業も多くなりました。肉体労働や接客、ネットの転売などで単に小銭を稼ぐ副業は、仕込みとして得るものがほとんどありません。若いときの貴重な時間を使う分、人生の収支で言えばマイナスとなるのでお勧めしませんが、**パイロット版の起業として、副業**をするならいいでしょう。

この前提で、二〇代、三〇代の起業のポイントはふたつあります。

①資本力が通じないビジネス

マーク・ザッカーバーグが創業したフェイスブックは、初年度から急成長を遂げ、一〇〇〇万ドル超の資金調達にすぐ成功しました。このザッカーバーグのように、画期的なサービスを発明した人は別として、大抵の若い人は資本力がありません。そこで「資本力が通じないビジネス」を選ぶことが大切でしょう。これは副業であっても同じです。

たとえばデザイナーやプランナーなどクリエイティブ系の職種やコンサルタントは資本力がいりません。

②参入障壁が高いビジネス

手っ取り早くすぐ始められるビジネスというのは、誰でも始められるので競合が多いレッドオーシャンとなります。供給過多でカニバリズムが起きて潰れていく――たとえばブームに乗って雨後の筍のようにできたタピオカドリンクの店のようなことをやってはいけません。**簡単にできて簡単に儲かることは、簡単になくなる**のです。

望ましいのは、参入障壁が高い、すなわち難しくて儲かるビジネス。たとえば、バイオなど技術的難易度が高いテクノロジー系、寺社向けサービスなど入り込むのが難しい業界などがその代表でしょう。

『本田宗一郎　夢を力に』

（本田宗一郎、日経ビジネス人文庫）

世界から注目を浴びるHondaJet（ホンダジェット）、F1のエンジニアが手掛けて5年連続売上1位の軽自動車「N-BOX」。なぜホンダからは、今でも夢のある商品が生まれてくるのか――ホンダ創業者がその精神を語った、不朽の名著。どうせつくるなら、夢のある会社を。どうせ入るなら、夢のある会社に。みんなが支えたくなる「夢」が、企業の原動力であることを教えてくれる。

『道をひらく』（松下幸之助、PHP研究所）

累計500万部突破。日本の経営者が書いた本でもっとも売れている、松下幸之助（パナソニック創業者）の名著。良い組織づくり、良い上司になるための心構え、金言が書かれており、常に持ち歩いて自分を戒めたい。「失敗することを恐れるよりも、真剣でないことを恐れたほうがいい」「嵐のときほど、協力が尊ばれるときはない。（中略）揺れることを恐れるよりも、協力がこわされることを恐れたほうがいい」など、名言のオンパレードだ。

COMMENT

いい会社の条件はいろいろありますが、やはり大事なのは、利益をあげつつ、「顧客」「取引先」「従業員」「銀行」「株主」「国・地域」など、かかわるすべての人を幸せにしていることでしょう。
なかでも大事なのは、預かっている才能をきちんと活かせる組織。変化の激しい時代には、上司がマイクロマネジメントをしなくても、目的のために進化する新しい組織を説いた『ティール組織』がお勧めです。ほかには、良い組織の例、創業者の事例として、Googleのマネジメント本、「かんてんぱぱ」で知られる伊那食品工業社長の経営哲学、日本を代表する大企業・ホンダ、パナソニック創業者のロングセラーをお勧めします。将来、起業したい人は、ぜひ会社づくりの参考にしてください。

いい会社の条件がわかるブックガイド

『ティール組織』（フレデリック・ラルー、英治出版）

上司がマイクロマネジメントをしなくても、目的のために進化する話題の「ティール組織」を解説した、世界的ベストセラー。マッキンゼーで10年以上、組織変革プロジェクトに携わった著者が、世界中を調査し、この新しい組織を紹介している。ビュートゾルフ、ESBZ、FAVI、ハイリゲンフェルトなど、優良ながら日本ではほとんど紹介されることのない企業や団体の例が紹介されており、実に興味深い一冊。

『新訂 いい会社をつくりましょう』（塚越 寛、文屋）

「かんてんぱぱ」ブランドで知られる伊那食品工業の代表による経営哲学。真の老舗の条件として、①無理な成長をしない、②安いというだけで仕入れ先を変えない、③人員整理をしない、④新しくより良い生産方法や材料を常に取り入れていく、⑤どうしたらお客さまに喜んでいただけるかという思いを、常に持ちつづける——を挙げている。小さな優良企業を志向する人にお勧め。

『How Google Works（ハウ・グーグル・ワークス）』
（エリック・シュミット+ジョナサン・ローゼンバーグ+アラン・イーグル、日経ビジネス人文庫）

Google社内の知識エリートの働き方と、それを支えるマネジメントの仕組みを、当時の会長エリック・シュミットとスタートアップ期の同社に入社したジョナサン・ローゼンバーグがまとめた一冊。有名な「70対20対10のルール」（リソースの70%をコアビジネスに、20%を成長プロダクトに、10%を新規プロジェクトに充てる）をはじめ、Google社内の黄金律が学べる。

おわりに

「仕込み」を一生活かせる働き方

科学者、エンジニア、クリエイター、そして政治家。僕の考えでは、この先も生き残っていく仕事はこの四つです。

まず、科学者は一番先端のことを考える役割、つまりはイノベーターです。世の中をまったく変えてしまう新しい思想をつくるのは科学者であり、その意味で未来をつくるのが科学者の仕事。ゆえになくなりようがありません。

エンジニアは、科学者が考えたことを実装する役割です。

クリエイターは、そこに人間らしさや面白さ、心地よさといったものを付け加えていく役割です。

政治家は、科学者がつくり出した未来に合わせて世の中をチューニングしていく役割だと思います。

たとえばＡＩというイノベーションを起こしたのは科学者ですが、実際のアイテムをつくったのはエンジニアで、より心地よく使いたいものに仕上げるのがクリエイター。そして、ＡＩを導入する際に起きる問題に対処するためには、政治家が必要です。中国がアメリカを凌ぐＡＩ大国になりつつあるのは、良い悪いは別として、国家のシステムとして政治の先導力が飛び抜けて強いからです。

基本的には科学者がいわば社長で、あとの三つの仕事は役員みたいなものですが、時々、リーダーは入れ替わります。今は、急速に進んだ科学を実装するエンジニアが、時代の中心リーダーとなっています。ＩＴ業界が元気なのは、その証拠ではないでしょうか。

二〇二一年に導入される予定の通信システムの５Ｇは、そろそろエンジニアの手を離れ、クリエイターの仕事にバトンタッチするタイミングの到来となるでしょう。５Ｇに合わせたクリエイターの活躍がしばらく続くはずです。

しかしそろそろ、今あるテクノロジーによる成長は鈍るはずですから、そうなるといよいよ本当の不確実時代に突入します。

先が見えないときに未来をつくるには、再び科学者がリーダーとして先導しなければなりません。新型コロナウイルスが世界で猛威を振るう時代は、その特効薬を開発する科学者の力が必須——ということです。政治家はそれに合わせて、人々の心を動かし、世の中をチューニングする必要があるでしょう。逆にいうと、もう根本的な変化を起こさないと立ち行かない状況になっています。


この本を読んでくださるあなたはビジネスパーソンであり、科学者や政治家を目指しているわけではない。そうなると、広い意味でのエンジニアかクリエイターとして働いていくことになります。

本書の執筆にあたって、エンジニアとクリエイターのどちらの方向を選ぶか、その判断基準の説明を考えている頃、親しくしている中国の投資家が実に参考になるヒントをくれました。中国政府にもコミットしている彼の話では、AI時代の中国の教育にはふたつの方向性があるのだと言います。ひとつはAIをつくれるエンジニア的人材の育成。もうひとつは、AIが絶対できないことをするクリエイティブな人材の育成です。

この基準を借りれば、新たなテクノロジーを実装する方向に行くなら、あなたはエンジニアとして働いていくことになります。新たなテクノロジーではなし得ないことをするなら、あなたはクリエイターとして働いていくことになるでしょう。

さらに突き詰めて考えれば、エンジニアとクリエイターはまったく違うようで、実は共通するスキルもたくさんあります。

たとえばプログラミングは論理的思考や数学的なセンスがものをいうと思いがちですが、実はシステムに潜んでいるムダに気づくひらめき、美しくなめらかに物事を整理する美的センスがものをいいます。

クリエイターが感性だけのものかと言えばそれも違います。新たな企画が情報と情報の組み合わせであるように、クリエイターにもエンジニアのような知識のストックが必要です。

つまりこれからのキャリアをつくる人がどちらの方向で働くかというと、この先は**限りなくボーダレス**になっていくでしょう。

だからこそ、どんな人にも共通する、ごく基本の基本の仕込み——二〇代から三〇代にかけての仕込みで人生の年収の九割が決まるという僕の主張は、やはり正しいのだと改めて思います。

仕込みをしっかりしておけば、どんな働き方もできるようになります。

僕の場合はアマゾンで仕込みを終えたあと、異業職での修行、転職を経て、起業しましたが、四〇代になったときに一時ある出版社で仕事をしました。プロデュースなど自分の事業もしつつ、嘱託として業務に携わる状態でした。

「その年齢で、しかもずっと経営者だったのに無理ではないか」と心配してくれる人もいましたが、僕はまったく頓着しませんでした。なぜなら会社という枠、業界という枠、職種という枠にとらわれずにすむよう、若いときに全力で仕込みをしたからです。

さらに、貯金や投資、経営のマネタイズとマネー・リテラシーを高めた結果、お金が理由で仕事を決めなくてすむようになっていたのも大きいと感じています。

僕は、この先にまだたくさん選択肢があると思っています。

このまま経営をしていくのもよし、アートへの興味が高まっているので別の事業を始めてもよし、若い人のベンチャー企業に「ベテランの知恵を貸してくれ」と言われたら、その一員として参加するかもしれません。自分でも思いもよらないまったく違う業界の未経験の職種に下っ端として参入してもいいと思っています。

収入に依存しないシステムを若い頃につくったおかげで、年収五〇〇〇万円だろうと三〇〇万円だろうとどちらの暮らしも楽しめるのですから、選択肢は無限です。

本当に自分という資産を活かせて意味のある仕事をしていたら、お金はついてきます。たとえそうはいかなくても、ストレスがたまらず無駄な出費が減るので、年収にかかわりなく豊かに暮らせるようになります。

そのために、心から納得がいく仕事を見つけること。

自分だけではなく、自分以外の人を幸せにするという商いの基本を押さえること。

これが最高の仕事人生を送る秘訣です。

もしかしたら、仕事人生ばかりか最高の人生を送る秘訣ではないかと思ったりもしますが、人生を語るには、四〇代の僕はまだまだ若造です。

若い皆さんの仕事人生の「仕込み」が充実し、たっぷりと自分という資産を高めてくださることを、心から願っています。

本書は二〇一〇年一二月に大和書房から発行した『20代で人生の年収は9割決まる』を文庫化にあたって大幅に加筆修正、再構成、改題したものです。

日経ビジネス人文庫

20代《だい》で人生《じんせい》の年収《ねんしゅう》は
9割《わり》決《き》まる。

2020年6月1日 第1刷発行

著者
土井英司
どい・えいじ

発行者
白石 賢

発行
日経BP
日本経済新聞出版本部

発売
日経BPマーケティング
〒105-8308 東京都港区虎ノ門4-3-12

ブックデザイン
鈴木大輔(ソウルデザイン)

本文DTP
ホリウチミホ(nixinc)

印刷・製本
中央精版印刷

Printed in Japan ISBN978-4-532-19975-3

nbb 好評既刊

佐藤可士和のクリエイティブシンキング

佐藤可士和

クリエイティブシンキングは、創造的な考え方で問題を解決する重要なスキル。トップクリエイターが実践する思考法を初公開します。

スノーボール 改訂新版 上・中・下

アリス・シュローダー
伏見威蕃＝訳

伝説の大投資家、ウォーレン・バフェットの戦略と人生哲学とは。5年間の密着取材による唯一の公認伝記、全米ベストセラーを文庫化。

ホンダジェット誕生物語

杉本貴司

ホンダはなぜ空を目指し、高い壁をどう乗り越えたのか。ホンダジェットを創り上げたエンジニアの苦闘を描いた傑作ノンフィクション！

30の戦いからよむ世界史 上・下

関 眞興

歴史を紐解けば、時代の転換期には必ず大きな戦いが起こっている。元世界史講師のやさしい解説で、世界の流れが驚くほど身につく一冊。

ひらめきスイッチ大全

知的創造研究会＝編

ダ・ヴィンチ、エジソン、ジョブズから任天堂、ユニクロまで――古今東西のあらゆるアイデアのひらめき方225個を集めた発想法大全。

nbb 好評既刊

ミレニアル世代 革新者たち

日本経済新聞社＝編

卒業生が300人を超えたヤンキー道場、世界と渡り合う若きハカセたち――。「ミレニアル世代」の活躍を追ったルポルタージュを文庫化。

グレイトフル・デッドにマーケティングを学ぶ

ブライアン・ハリガン
デイビッド・ミーアマン・スコット
渡辺由佳里＝訳

ライブは録音OK。音楽は無料で聴き放題。あの伝説のバンドはインターネットが登場するはるか前から、フリーもシェアも実践していた。

本田宗一郎 夢を力に
私の履歴書

本田宗一郎

本田宗一郎が自らの前半生を回顧した「私の履歴書」をもとに、人間的魅力に満ちたその生涯をたどる。「本田宗一郎語録」も収録。

あきらめない

村木厚子

09年の郵便不正事件で逮捕、長期勾留された厚労省局長。極限状態の中、無罪を勝ち取るまで決して屈しなかった著者がその心の内を語る。

スタンフォードの心理学講義 人生がうまくいくシンプルなルール

ケリー・マクゴニガル
泉 恵理子＝監訳

「完璧は求めなくていい」「戦略的な先延ばしをしよう」。超人気心理学者が、科学的に説く人生の教訓。ヒット書籍を待望の文庫化！